4차 산업혁명 시대에
살.아.남.기

4차 산업혁명 시대에
살.아.남.기

김지연 지음

스마트폰은 쥐고 살아도

IT는 잘 모르는

당신을 위한

서바이벌 안내서

페이퍼로드
paperroad

추천사

4차 산업혁명의 파도가 거세다. 우리가 안주하는 사이 중국은 멀리 앞서가고 있다. 한 치 앞을 내다보기 어려운 생존의 위기다. 그러나 호랑이 등에 올라타도 정신만 차리면 산다고 한다.

변화의 중심에 서서 큰 틀을 바라보되 한 수 한 수에 집중하는 '착안대국 착수소국着眼大局 着手小局'의 지혜와 결단이 요구되는 때이다. 이 책은 IT의 창으로 변화의 빅픽처와 디테일을 함께 보여주는 길잡이가 되어 4차 산업혁명의 위기를 기회로 만드는 신의 한 수가 될 것이다.

손욱 • 서울대학교 차세대융합기술연구원 센터장

지난해 저자의 칼럼이 중국의 유력 경제지인 『경제관찰보經濟觀察報, The Economic Observer』에서 인기 글 1위를 차지하였다는 소식이 들려왔다. 중국에 대해 오랫동안 관심을 두어왔고 삼성의 중국 사업을 책임졌던 나로서는 정말로 반가운 소식이었다. 저자는 28년간 삼성에서의 R&D 경험을 바탕으로 IT 분야의 이슈들을 생생하게 들려준다. 특히 소외된 사람들을 위한 적정기술Appropriate Technology과 기업의 사회적 책임을 이야기한 '세상에서 가장 따뜻한 기술'이 마음에 남는다.

박근희 • 前 삼성그룹 중국본사 사장, 삼성생명 대표이사 부회장

대외적으로는 안보와 외교, 대내적으로는 정치와 경제가 위기에 놓인 백 척간두의 시대. 역설적으로 거위사안의 시대가 도래한 듯, 위기가 상시화된 지 이미 오래다. 우리가 강대국 사이에서 위기 극복의 돌파구를 찾으려면 내부에서 동력을 일으키는 방법밖에 없다. 이른바 '한중일 동북아 혁신 삼국지'의 각축전에서 생존하려면 4차 산업혁명이란 무대에서 주역이 되지 않으면 안 된다. 이 책은 과학기술과 혁신으로 대한민국을 재무장시킬 수 있는 장비와 전략을 통찰력과 더불어 감칠맛 나는 문장과 논리로 풀어낸 기술경영 분야의 걸작이다.

임기철 • 과학기술정책연구원 명예연구위원, 前 국가과학기술위원회 상임위원
『한국의 미래, 과학기술혁신체제에서 길을 찾다』 저자

4차 산업혁명의 물결이 밀려오고 있다. 그런데도 대부분의 사람들은 조만간 자신들의 삶을 송두리째 바꾸어버릴 이 거대한 변혁의 실체를 느끼지 못하고 있다. 마치 쓰나미가 밀려오는 해변에서 조개를 줍는 사람들처럼…. 이 책은 담론에서 한 걸음 더 들어가 구체적 내용을 보여주며 이런 변화의 스케일과 속도를 실감하게 해 준다. 저자는 사물인터넷, 가상현실, 인공지능 로봇, 스마트카, 3D 프린팅과 같이 어렵게만 느껴졌던 기술들을 쉽고 재미있게 풀어낸다. 이 책을 읽으면, 멀리 수평선에서 밀려오는 변화의 물결을 생생히 볼 수 있을 것이다.

김영산 • 한양대학교 경제금융대학 학장

IT 분야에 어두운 사람으로서 이 책을 읽어본 순간 한 줄기 밝은 빛을 발견한 느낌을 받았다. 특히 어려운 개념과 용어를 도표와 그림으로 쉽게 설명해주어 이해하기 아주 편했다. IT 분야에 종사하는 전문가뿐만 아니라 일반인들도 변화무쌍한 정보의 시대에 꼭 읽어봐야 할 필독서이다.

손성진 • 서울신문 논설실장

저자의 글은 인류의 미래를 이끌어갈 IT를 포함한 과학기술의 배경과 내용을 전문가가 아니더라도 부담 없이 명쾌하게 이해하도록 도와준다. 특히 직장인들이나 취업 준비생들로 하여금 미래를 예측하고 이에 대비하기 위한 필독서로서 독특한 매력이 있다.

유승식 • 하버드대학교 교수

사람과 모든 사물이 연결되는 사물인터넷 시대는 IT의 경계를 넘어 모든 것들이 융합되고 연결되고 있다. 내가 말하지 않아도 사물들이 지능이 있어서 알아서 척척 해주는 세상이 눈앞에 펼쳐진다. 우리가 상상하는 많은 것이 현실이 되고 있다. 이 책은 4차 산업혁명의 핵심인 사물인터넷이 만들어나가는 멋진 세상을 쉽게 설명하고 있다. 대학생과 직장인, 그리고 기술에 관심을 가지고 있는 일반인들에게도 일독을 권하고 싶은 책이다.

김용석 • 성균관대학교 교수
『엔지니어 세상의 중심에 서라』 저자

"저는 '공돌이'라서 인문학 잘 몰라요" "저는 문과 출신이라 IT는 너무 어려워요." 이제는 이런 이분법적인 생각으로는 살아남기 힘든 세상이 되었다. 경계가 사라지는 융합의 시대에는 엔지니어도 인문학을 알아야 하고 IT 전문가가 아니어도 IT 기술의 맥을 읽을 수 있어야 한다. 이 책은 그 사이를 이어주는 맛있는 'IT 큐레이션'이다.

임윤철 • (주)기술과가치 대표

아들이 졸업반인데 취업 때문에 걱정이 이만저만이 아니다. 남들처럼 스펙도 쌓고 인턴도 해보지만 취업의 문이 쉽사리 열리지 않는다. 면접에서 평소 관심을 두지 않았던 질문들을 받는 날이면 풀이 죽어 집에 온다. 빅데이터, 사물인터넷, 4차 산업혁명 같은 말을 들은 적은 있지만 막상 질문을 받으면 대답하기 쉽지 않은 모양이다.

요즘 IT가 마케팅, 금융, 의료, 패션 등과 만나면서 새로운 비즈니스가 생겨나고 있어 기업들이 촉각을 곤두세우고 있다. 이 모든 것을 깊이 있게 알기는 쉽지 않다. 하지만 기본적인 개념이나 동향과 이슈 정도는 얕게라도 두루 알고 있어야 한다. 직장인이 이런 변화의 흐름을 놓치면 회사 생활이 힘들어진다. 경영자들은 보고서 한 줄, 회의 때 말 한마디로도 금방 알아차리기 때문이다. 28년 동안 IT를 업으로 살아왔지만 지금처럼 변화가 빠르고 내일을 예측하기 어려운 때도 없었다. 일천한 경험이지만 후배들에게 도움이 되기를 바라는 마음으로 『서울신문』에 연재했던 칼럼 「김지연의 직장인을 위한 서바이벌 IT」를 정리하여 책으로 출간하게 되었다.

현대 경영학의 3대 구루Guru 중 한 명인 하버드대학교 마이클 포터 교수Michael Porter는 '지능형 상호 연결 제품Smart, Connected Product'이 거대한 IT 변혁을 주도할 것이라고 예견하였다. 기존의 변혁이 생산성을 높이고 가치사슬을 바꾸어놓았다면, 새로운 물결은 산업의 구조와 경쟁의 본질까지도 변화시킨다는 것이다. 이것을 주도하는 것은 IT의 두 축인 '지능Intelligence'과 '연결Connection'이다.

　모든 것을 연결한다는 사물인터넷은 각국 정부의 정책, 대기업의 전략, 스타트업의 사업 계획, 심지어 초등학생들의 경진대회에서까지 빠지지 않는다. 사물인터넷은 2013년에 '셀카'의 영어식 표현인 셀피Selfie와 함께 옥스퍼드 사전에 신조어로 이름을 올리기도 하였다. 마치 10여 년 전 인기를 누렸던 유비쿼터스의 전성시대를 보는 듯하다. 사물인터넷은 포스트 스마트폰 시대의 주역이 될 수 있을까? 사람의 목숨까지 위협할 수 있다는 보안 문제는 해결이 가능할까? 여러 가지 스마트기기들을 연결하기만 하면 사업이 성공할까? 호환성을 위한 표준의 통일은 언제쯤 이루어질까? 궁금한 것들이 많다.

　한편 알파고의 등장으로 기계학습이나 신경망과 같은 인공지능 분야의 전문용어들이 일상생활에서도 흔히 사용되고 있다. 스마트폰에는 얼굴인식, 지문인식, 홍채인식과 같은 각종 스마트한 기능들이 하루가 멀다 하고 탑재된다. 2016년 국제 전자제품 박람회CES에서는 스스로 도로를 달리는 자율주행 자동차가 주인공으로 등장하였다. 인공지능 기술의 발달은 우리의 미래를 어떻게 바꾸어놓을까? 이제 스마트폰, 무선 인터넷, SNS로 대표되는 모바일 시대를 지나 사람과 사물과 정보가 모두 지능형 네트워크로 이어지는 초연결 사회

Hyperconnected Society로의 진입이 시작되었다.

　　패러다임의 변화는 우리의 라이프 스타일을 바꾸기도 하고 직장과 사업을 한순간에 앗아가기도 한다. 지금은 컴퓨터 속의 저장 아이콘으로만 남아 있는 플로피디스크, 한때 동네마다 성업했던 비디오 대여점, 지하철 입구에서 나누어주던 무가지는 이제 보이지 않는다. 부동산 중개업, 음식점, 택시 업계도 스마트폰 앱으로 무장한 비즈니스의 등장으로 예상치 못한 상황을 맞게 되었다. 컴퓨터가 신문기사를 작성하고 주식을 거래하고, 재판의 판례를 조사하는 게 어색하게 느껴지지 않는 시대다.

　　옥스퍼드대학교의 보고서에 따르면 "자동화와 기술의 발전으로 10~20년 이내 현재 직업의 47%가 사라질 것"이라고 한다. 하루하루 바쁘게 살아가는 우리 모두 새로운 10년을 고민하고 나만의 필살기를 준비해야 하는 이유이다. 기업도 자기 업무 하나만 아는 I자형 인재보다는 한두 분야에 깊이 있는 전문성과 폭넓은 지식을 동시에 갖춘 T자, π자형 인재를 필요로 한다. 문과와 이과의 구분이 의미 없어진 지 오래이다. 무슨 일을 하든 새로운 IT의 흐름에 관심을 가지고 자신의 분야에 접목을 시도한다면 또 다른 기회를 발견하게 될 것이다.

2017년 2월

김지연

목차

5장 상상 그 이상의 현실

6장 변화에 종착역은 없다

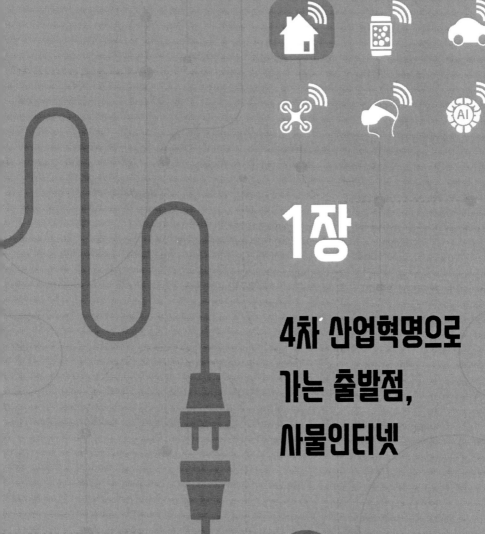

1장

4차 산업혁명으로 가는 출발점, 사물인터넷

사물인터넷이 넘어야 할 산

사물인터넷(IoT, Internet of Things)이라는 용어는 P&G에서 근무하던 캐빈 애쉬튼이 1999년에 처음으로 사용하였는데 개념 자체는 새로운 것이 아니었다. 한때 유행했던 유비쿼터스(Ubiquitous)나 사물지능 통신(Machine to Machine)과 크게 다르지 않다. 게다가 아직 통일된 사물인터넷의 정의조차 없다. 이런 사물인터넷이 다시 주목을 받게 된 이유는 무엇일까?

여러 가지 이유가 있겠지만 스마트폰의 발전이 한몫을 하였다. 최근에는 스마트폰에 사용되던 첨단 기술이 생활 속의 제품과 서비스로 빠르게 확산되고 있다. 각종 정보를 얻을 수 있는 센서, 안정적이고 빠르게 데이터를 보낼 수 있는 무선 통신, 대용량의 정보를 저장하고 분석하는 클라우드와 빅데이터의 확산이 사물인터넷을 현실 속으로 가져온 것이다. 센서의 가격은 매년 8.2% 하락하여 2005년 평균 1.3달러 수준이었던 것이 2020년에는 0.38달러로 내려갈 것으로 예상된다. 컴퓨터도 점점 작아져서 인텔(Intel)

이 발표한 웨어러블기기용 컴퓨터 큐리Curie에는 손톱만 한 크기에 CPU, 블루투스, 센서, 배터리가 모두 들어 있다. 무선 데이터의 전송 속도도 지난 5년간 무려 10배나 빨라졌다. 사물인터넷의 연결과 지능에 필요한 기술적 환경은 어느 정도 갖추어진 셈이다. 매년 미국과 독일에서 개최되는 CESThe International Consumer Electronics Show와 IFAInternationale Funkausstellung에서는 스마트폰을 넘어 스마트홈Smart Home, 웨어러블Wearable, 스마트카Smart Car와 같이 모든 것을 인터넷으로 연결하는 제품과 서비스가 넘쳐난다. 이처럼 사물인터넷은 산업 전반에 큰 변화를 가져올 빅 트렌드로 주목을 받고 있지만 1999년 처음 소개된 이후 아직 이렇다 할 성과를 찾아보기는 어렵다.

애플Apple의 공동창업자 스티브 워즈니악Steve Wozniak은 2015년 월드 비즈니스 포럼에서 사물인터넷이 닷컴 위기 때처럼 거품 단계Bubble Phase에 들어설 것이라고 경고하였다. IBM의 IoT 부문 부사장인 폴 브로디는 한술 더 떠 "IoT 시장은 전형적인 거품 단계이며 기기에 축적된 데이터의 대부분은 쓸모없는 것들"이라고 말한다. 아직 거품을 논하기는 이르지만 양쪽의 의견을 종합하여 균형 잡힌 시각을 갖는 것은 의미가 있겠다. 새로운 기술에 지나친 환상을 갖는 것도 문제지만 패러다임의 변화에 제대로 대응하지 못하면 더 큰 낭패를 볼 수도 있기 때문이다.

컨설팅 업체 가트너Gartner는 매년 사람들이 어떤 기술에 관심이 있는지를 보여주는 '하이프 사이클Hype Cycle'를 발표한다. 이 그래프는 이슈가 되는 기술들을 5단계로 분류하여 각 기술의 위상의 변화를 한눈에 알 수 있다. 새로운 기술이 등장하면 학계와 언론의 관심을 받는 발생기Innovation Trigger를 지나 기대가 최고도에 달

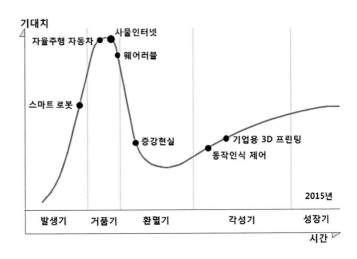

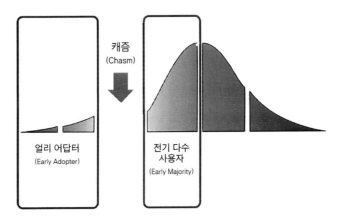

하이프 사이클(위)과 캐즘(아래)

하는 거품기Peak of Inflated Expectation에 이른다. 다음은 기대가 실망으로 바뀌는 환멸기Through of Disillusionment를 거치면서 거품이 빠지고 쏠렸던 관심 대부분이 사라진다. 그 뒤 기술을 업그레이드하면서 살아남은 자들이 재조명을 받는 각성기Slope of Enlightenment가 오고 마침내 성장기Plateau of Productivity에 도달하여 시장의 주류로 자리를 잡게 되는 것이다.

이와 같이 새로운 기술이 세상에 나와 사업에 성공하기까지는 생각보다 많은 시간이 걸린다. 지금도 무인 자동차가 도로 위를 달리고 있지만 우리의 아이들을 태우기까지는 더 많은 시간이 필요한 것처럼 말이다. 그래서 사업의 진입 시기를 잘못 선택하면 큰 어려움을 겪게 된다. 사물인터넷은 2013년 거품기에 접어든 이후 정점을 지나고 있다. 앞으로 길고 어두운 환멸기의 터널을 지나면서 버블이 꺼지는 조정을 거치게 될 것이다.『제프리 무어의 캐즘 마케팅』의 저자 제프리 무어Geoffrey Moore도 혁신 제품이 시장에서 성공하기 위해서는 단절을 극복해야 한다고 말한다. 새로운 하이테크 제품이 얼리 어답터Early Adapter에게 환영을 받는 초기 시장에서 대중에게 확산되는 주류 시장으로 넘어가려면 캐즘Chasm, 바위나 얼음 속의 깊은 틈이라는 계곡을 건너야 한다는 것이다. 수많은 첨단 기술과 제품들이 이곳을 넘지 못하고 사라졌다. 사물인터넷은 이 죽음의 계곡을 무사히 건널 수 있을까.

사물인터넷 열풍은 거품일까?

최근『월스트리트저널』은 사물인터넷류 스마트기기의 난립을 꼬집고 나섰다. 요약하면 대략 다음과 같은 내용이다. "어떤 제품이나 스타트업에 거품이 끼어 있는지 알려면 마케팅 자료에 '세계 최초의 스마트'라는 문구가 있는지만 찾으면 된다. 세계 최초의 스마트 양말, 세계 최초의 스마트 칫솔, 컵, 포크, 프라이팬, 방귀 감지기 등. 코미디의 풍자 대상이 됐을 정도다." 모두 맞는 말은 아니겠지만 사물인터넷의 유행에 휩쓸려 소비자를 간과한 것은 아닌지 다시 한번 생각하게 하는 지적이다. 지나치게 기술 주도적이고 공급자 위주의 접근은 과거 환멸기를 지나지 못하고 사라진 기술들의 선례를 따르게 될 가능성이 크다. 게다가 일부에서는 한때 IT 업계에 회자되던 유비쿼터스, 사물 통신 등이 사물인터넷이란 마케팅 용어로 재탕되는 것이 아니냐는 시각도 있다.

인터넷과 스마트폰에 이어 제3차 IT 혁명을 이끌 것으로 기대를 모으고 있는 사물인터넷인데 정작 소비자들의 반응은 시큰둥하다. 신기하기는 하지만 필요성은 아직 잘 모르겠다는 것이다. 일반 LED 전구는 5~6천 원이면 살 수 있는데 휴대폰으로 켜고 끄는 스마트전구는 5~6만 원으로 가격 차이가 10배가 넘는다면 누가 선뜻 지갑을 열겠는가? 계란이나 우유가 떨어지면 자동으로 주문을 해주는 스마트한 냉장고가 나왔다고 해서 10년은 더 쓸 수 있는 냉장고를 버리고 새로 구매할 사람이 얼마나 될까?

미국의 컨설팅 업체 인데버 파트너스 보고서 「웨어러블의 내막Inside Wearables」을 보면 소비자들이 실제로 핏빗Fitbit, 조본Jawbone과 같은 스마트밴드Smart Band를 사용하는 기간도 그다지 길지 않다. 6개월이 지나면 30%가 사용을 중단하고 1년 이상을 사용하는 경우도 50%가 되지 않는다. 단순히 맥박수나 운동량을 알려주는 것으로는 계속 사용해야 하는 필요성을 느끼지 못하기 때문이다. 출근길에 스마트밴드를 두고 왔다고 다시 집으로 돌아가서 가져오는 사람은 아직 많지 않다. 그런데 시장은 꽃도 피우기 전에 벌써 레드오션이 되어버렸다. 가성비에 관한 한 최고로 평가받는 중국의 샤오미^{Xiaomi} 제품 중에 활동량과 수면 시간을 알려주는 미밴드^{Mi} ^{Band}의 모델 중에는 1~2만 원 정도에 판매되는 제품도 있다. 어떻게 이보다 싸면서 좋은 스마트밴드를 만들 수 있겠는가? 기존의 IT 기업들도 사물인터넷을 차세대 먹거리로 내세우고 있지만 구체적인 상은 잘 보이지 않는다.

사물인터넷이 캐즘을 넘어 많은 사람들의 환영을 받는 새로운 패러다임으로 자리 잡기 위해서는 어떻게 해야 할까? 간단히 답하기는 어렵지만 우선 호환성을 위한 표준과 안심하고 사용할 수 있는 보안 그리고 다각적 서비스를 통해 사용자에게 제공하는 가치 정도를 생각해볼 수 있겠다.

총성 없는 전쟁터, 사물인터넷 표준

집집마다 사용하지 않는 휴대폰 충전기가 적어도 몇 개씩은 서랍 속에 엉켜 있을 것 같다. 단자의 모양도 제각각이어서 24핀, 20핀, 미니 USB, 마이크로 USB, 아이폰iPhone용 모두 다르다. 왜 휴대폰 충전기 단자 하나 통일하지 못할까? 충전기만 그런 게 아니다. 한때 유행했던 사이버 아파트나, 지능형 주택도 환상만 심어주고 흐지부지 사라졌다. 당시의 기술 수준에 비해 마케팅이 앞서간 면도 있지만 제품 간 호환이 이루어지지 않았던 것이 가장 큰 문제였다.

2002년의 한 신문기사를 한번 보자. "가전제품, 냉난방기구, 현관문, 커튼 등 지금까지 손으로 구동해 왔던 집안 기구들을 인터넷이나 전화로 조정하고 예약 작업도 시킬 수 있다. 홈네트워크가 이뤄지면 집 안과 밖을 연결할 수 있다. (⋯) 홈네트워크에도 난관이 없는 것은 아니다. 개별적인 가전기기들 사이에 데이터를 처리하기 위한 표준화의 길이 아직 멀기 때문이다. 미래 시장의 잠

서로 호환되지 않는 각각의 충전기 단자

재력이 워낙 크기 때문에 업계 간에는 표준 선점을 위한 경쟁이 치열하다. 통일된 규격을 내놓기까지는 1~2년 지나야 할 것으로 예상된다."

지금 스마트홈이 그리는 모습과 크게 다르지 않은데 15년이 지난 지금도 통일된 규격이 나오지 않고 있다. 그만큼 의견 일치가 어렵고 시간이 걸리는 일이다. 표준은 서로 다른 기기들이 정보를 교환할 수 있도록 호환성interoperability을 제공하는 것이다. 이전의 홈네트워크는 다른 회사의 제품을 연결하여 사용할 수 없었다. 같은 회사의 제품이라도 규격이 맞지 않을 때가 많아 소비자에게 외면을 당했다. 사물인터넷도 그런 조짐이 보인다.

뭉치면 살고 흩어지면 죽는다

2015년 CES에서 기조연설을 한 미래학자 제러미 리프킨

Jeremy Rifkin은 "사물인터넷의 가능성은 무궁무진하지만, 플랫폼Platform의 호환성이 떨어지고 산업 간 협업도 원활하지 않다는 게 사물인터넷 시대의 도래를 막는 커다란 장벽"이라고 지적했다. 삼성전자의 윤부근 사장도 "협력을 통해 표준을 마련하지 못한다면 사물인터넷의 미래는 없다"며 제품 간 호환을 강조하였다. 국제 표준 단체와 기업들이 규격을 통일하기 위해 노력하고 있지만 다양한 이해 관계자가 참여하고 주도권 확보를 위한 경쟁이 치열하여 접점에 이르기는 쉽지 않아 보인다. 표준은 제품의 규격을 통일하기 위한 합의의 대상일 뿐만 아니라 시장 선점을 위한 전략적 수단으로도 사용되기 때문이다. 특히 자사의 기술이 표준에 포함이 되면 로열티 수입은 물론이고 시장에서의 독점적 지위 확보에도 유리하다. 반면 표준에 채택이 되지 못하면 아무리 좋은 기술이라 한들 시장에서 사라지고 만다.

휴대폰 속에도 카메라에 사용되는 동영상 표준인 MPEG4, 지상파 DMB, 통신 관련 LTE 등 경쟁을 뚫고 살아남은 표준 기술들이 들어 있다. 인텔의 자료에 따르면 스마트폰의 경우 판매가의 30%가 기술 특허료로 지급된다고 한다. 400달러짜리 스마트폰을 팔면 120달러가 로열티로 나가는 것이다. LTE, CDMA 등 통신 표준 특허로 독점적인 지위를 누리고 있는 퀄컴Qualcomm의 2014년 로열티 수입은 78억6천만 달러를 넘어섰다. 한 해 동안 한국에서 거두어간 특허료만 2조 원에 달한다. 표준은 대부분 특허와 연계되어 있어 총성 없는 전쟁터와 다름없다.

사물인터넷 표준은 퀄컴이 주도하는 올신 얼라이언스Allseen Alliance, 인텔을 주축으로 하는 OICOpen Interconnect Consortium, 구글Google 진

사물인터넷 표준 단체

영의 스레드 그룹Thread Group이 각축을 벌이고 있다. 가장 먼저 설립된 올신 얼라이언스는 2013년 퀄컴과 리눅스Linux 재단이 시스코Cisco, 마이크로소프트Microsoft 등과 결성하여 지금은 200개가 넘는 기업이 동맹을 맺고 있다. 이곳의 표준인 올조인AllJoyn을 탑재한 제품은 운영체제나 단말기기의 종류에 상관없이 서로 연동이 가능하다.

두 번째로 OIC는 2014년 인텔, 삼성전자, 브로드컴Broadcom 등이 설립한 컨소시엄으로 올신 얼라이언스의 대항 세력으로 떠올랐다. 후발 주자이지만 시스코, HPHewlett-Packard 등 90여 개 회원사를 확보하며 누구나 무료로 사용할 수 있는 오픈소스인 아이오티비티IoTivity를 공개하였다. 이를 기반으로 2016년 초에는 글로벌 표준 단체인 OCFOpen Connectivity Foundation를 발족하였다.

세 번째 세력은 구글이 32억 달러에 인수해 화제가 되었던 네스트Nest가 주관하는 스레드 그룹이다. 삼성전자, ARM, 프리스케일Freescale 등 200여 개의 기업을 우군으로 끌어들였으며 이미 자사

제품군에 스레드 표준을 적용한 상태다. 새로운 IP 무선 통신망을 사용하여 보안의 염려가 덜하고 전력소모가 적어 스마트홈을 기반으로 영토를 확장하고 있다.

그리고 아시아, 미국, 유럽 등 지역별 표준 단체가 공동으로 설립한 원엠투엠oneM2M은 사물인터넷 분야의 국제 표준화 기구다. 스마트홈이나 스마트카와 같이 한정된 곳에만 적용되는 것이 아니라 분야와 무관하게 호환이 가능한 플랫폼을 만드는 것이 목표이다. 현재 삼성전자, LG전자, 시스코, IBM 등 230여 개 기업과 각국의 연구 기관이 참여하는 최대 규모의 단체다.

전체 상황은 다소 복잡하다. 삼성전자나 시스코와 같이 3곳 이상의 표준에 참여하는 기업도 있고 애플과 같이 어떤 단체에도 가입하지 않은 독불장군도 있다. 한편 OIC의 창립 멤버인 브로드컴이 OIC에서 탈퇴를 하고, 올신 얼라이언스의 맹주 퀄컴이 스레드 그룹에 가입을 하는 일이 벌어지기도 했다. 2016년 10월에는 올신 얼라이언스와 OCF가 통합을 발표하면서 시장에서의 영향력을 키웠다.

서로의 전략과 이해에 따라 합종연횡이 이루어지고 있어 표준화에는 시간이 걸릴 것 같다. 그동안은 여러 방식들이 공존하겠지만 통일된 표준이 필요하다는 데는 모두 동의한다. 사물인터넷의 성공을 위해서는 하나의 안이 나오면 좋겠지만, 만일 단일안이 채택되지 않더라도 불편한 대로 사용할 수는 있을 것이다. 정작 상용화의 더 큰 걸림돌은 개인의 프라이버시를 침해하고 생명까지 위협할 수 있는 사물인터넷의 보안 문제이다.

사물인터넷의
아킬레스건

보안이나 안보가 중요한 것을 알면서도 심각하게 생각하지 않을 때가 많다. 사이버 범죄 역시 불안하지만 직접 겪기 전에는 남의 일로 여기기 쉽다. 하물며 아직 본격화되지도 않은 사물인터넷의 취약성을 거론하는 것은 시기상조라고 생각할 수도 있겠다. 그러나 보안 문제는 사물인터넷의 아킬레스건이며 비즈니스의 성패가 달려 있는 핫이슈이다. 산업연구원은 "IoT 보안 문제로 인한 경제적 손실이 2020년에는 17조7천억 원에 이를 것"으로 전망하였다. 지금까지 해킹의 피해는 주로 정보 유출이나 금전적인 것으로 대부분 가상공간에서 발생하였다. 하지만 사물인터넷 시대에는 사이버 세상은 물론이고 실제 생활공간에까지 그 피해가 확대될 것이다. 프라이버시 침해나 경제적 손실뿐 아니라 인간의 생명과 국가 기반 시설까지도 위협을 받는 상황이 발생할 수 있다.

'어둠의 구글' '사물인터넷의 구글'이라고 불리는 쇼단Shodan은 인터넷에 연결된 기기들을 찾아주는 검색엔진이다. 검색어만

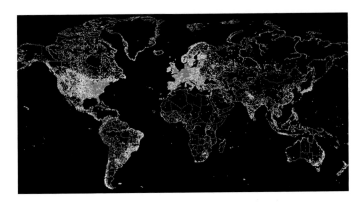

쇼단이 알려주는 정보

입력하면 전 세계의 웹카메라, 공유기, 신호등은 물론이고 핵발전소까지 가리지 않고 보안이 취약한 곳을 알려준다. 『CNN』은 세상에서 가장 무서운 인터넷 검색엔진은 구글이 아니라 쇼단이라고 보도했다. 창업자 존 메테리John Matherly는 "사람들은 구글에서 검색되지 않는 것은 찾을 수 없다고 생각한다. 그러나 그것은 사실이 아니다"라고 말한 바 있다. 쇼단으로 보완이 허술한 곳을 찾아 정보를 공개적으로 판매하는 비즈니스까지 생겨났다.

부펜Vupen도 이런 사업을 하는 사이버 보안 업체 중 하나였다. 이 회사는 2015년 제로디움Zerodium으로 간판을 바꾸어 달고 해커들로부터 인터넷 보안의 취약점을 사들여 유통하는 기업으로 사업 영역을 넓혔다. 최근에는 애플 iOS 9의 보안 문제점을 찾는 사람에게 100만 달러의 상금을 주겠다는 공고를 내 화제가 되기도 했다. 이런 정보들이 어떻게 사용될지 짐작하는 건 어렵지 않다. 이제 스마트홈, 스마트카, 스마트시티Smart City와 같이 인터넷에 연결되는 모든 것은 해킹의 대상이 된다.

'이거 위험할 수도 있겠는데'

2020년에는 500억 개의 기기가 인터넷에 연결된다고 하는데 아직 1%도 연결되지 않았다. 그런데 벌써 가정, 산업, 교통, 방송, 의료 등 전 분야에 걸쳐 보안 위협의 사례가 보고되고 있다. 2014년 11월 러시아의 인세캠Insecam이라는 사이트는 해킹으로 뚫린 전 세계 CCTV 7만3천여 대를 생방송으로 공개하였다. 그중에는 침실, 거실, 수영장의 영상도 포함되어 있어 한바탕 소동이 일어났다.

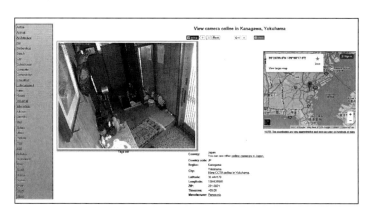

인세캠이 공개한 자료화면

인터넷에 연결된 가전제품도 안심할 수 없다. 2014년 1월 미국의 보안 업체 프루프포인트Proofpoint는 "TV와 냉장고를 통해 세계 각국 기업과 개인들에게 75만 건의 피싱과 스팸 메일이 발송

되었다"고 밝혔다. 사물인터넷망이 뚫리면 원격으로 집 안의 기기를 제어하는 '홈해킹'이 가능하다. 해커는 현관문에 설치된 스마트도어를 열고 CCTV의 보안 기능을 해제하거나 실내온도 조절기를 마음대로 조작할 수도 있다. 이 분야의 전문업체인 사이낵Synack은 구글이 인수한 감시카메라 회사 드롭캠DropCam의 보안 허점을 찾아 공개하였다. 암호 관련 취약점Heartbleed을 공격하여, 카메라로 집 안을 엿보고 마이크를 몰래 작동시킨 것이다. 국제 보안 컨퍼런스ISEC에서는 로봇 청소기를 해킹하여 탑재된 카메라로 집 안 구석구석의 영상을 외부에서 가로채는 시연을 할 정도였다. 앞으로는 보안 카메라와 청소기가 집 안을 중개하는 몰래카메라가 될지도 모르겠다.

인터넷에 연결되어 있는 자동차도 예외는 아니다. 최근 "자동차도 PC처럼 사이버 공격을 당할 수 있는 대상임을 알리고 싶었다"는 두 명의 해커가 지프 체로키를 해킹하여 원격으로 조종하

자동차 해킹 시연

는 동영상을 유튜브YouTube에 올려 화제가 되었다. 이 일로 피아트 크라이슬러Fiat Chrysler Automobiles는 140만 대의 자동차를 리콜하게 되었고, 해킹을 한 찰리 밀러와 크리스 발라섹이란 두 해커는 우버Uber의 최고 보안책임자로 영입되었다. 그들은 "불행히도 자동차를 구입한 고객은 자동차 보안을 위해 할 수 있는 일이 없다, 그저 제조사 측에 안전한 차를 만들어 달라고 하소연하는 수밖에 없다"고 말한다. 스마트카나 무인 자동차도 안심하고 탈 수 없을 것 같다.

의료나 헬스케어 쪽은 어떨까? 국제 해킹–보안 컨퍼런스에서는 실제 의료기기를 해킹하여 당뇨병 환자가 사용하는 인슐린 펌프와 심장병 환자의 심장박동기를 원격으로 조종하는 것을 보여주었다. 최근 미국 식품의약국FDA은 네트워크에 연결되어 보안이 취약해진 약물 주입펌프의 사용을 금지시켰다. 의료기기가 해킹을 당하면 사람의 목숨까지 위협받을 수 있기 때문이다. 이보다는 가벼운 문제지만 보안 업체 시만텍Symantec의 테스트 결과에 의하면 스마트밴드는 사용자가 어디 있는지 추적이 가능해 각별한 주의가 필요하다고 경고하였다. 이제는 의료와 헬스케어 관련 기기도 해커의 표적이다.

보안에 대한 진지한 고민이 필요한 때

센서와 통신과 같은 기본적인 기능만 장착한 일반 사물인터넷 제품의 보안 상태는 더 말할 나위도 없다. 이러한 저가의 단말기에는 복잡하고 전력소모가 많은 기존의 보안 시스템을 사용하기 어렵다. 게다가 여러 단계를 거치면서 다양한 네트워크 환경, 운영체제, 사업자가 얽혀 있어 일괄적인 보안 시스템을 적용하기 힘들고 피해가 발생할 경우에 책임 소재를 가리기도 쉽지 않다. 보안 전문가들은 사물인터넷의 보안을 위해서는 센서, 기기, 네트워크, 플랫폼, 서비스 각각의 분야에서 보안 대책을 마련하고 이것을 통합하여 대응할 수 있는 체제가 필요하다고 입을 모은다. 정부에서도 스마트 안심국가 실현을 위한 '사물인터넷 정보보호 로드맵'을 수립하여 추진 중이다. 이 모든 일에는 적지 않은 비용이 수반되지만, 사물인터넷의 성공을 위해서는 반드시 필요한 비용이다.

물리적 보안과 함께 개인정보를 지키는 일도 더욱 어려워진다. 이제는 고객이 어디에 있는지, 언제 무엇을 샀는지, 어떤 음식을 좋아하는지, 이런 세세한 정보까지 샅샅이 모아 비즈니스로 만든다. 나의 모든 정보가 어딘가에 저장되는 사물인터넷 시대에는 개인의 정보가 개인만의 것이 아닐 수 있다. 미국의 프리즘Prism 프로젝트와 같이 정부가 IT 기업의 서버를 뒤지는 일도 벌어지는 세상이다. 구글의 회장 에릭 슈미트Eric Schmidt는 "만일 누구에게도 알리고 싶지 않은 것이 있다면, 인터넷에 올려서는 안 된다"고 말한다. 접속되어 있는 것은 노출이 불가피하다. 미국 연방거래위원회FTC 의장인 에디스 라미레즈는 2015년 CES 기조연설에서 "사물인터넷이 IT 업계를 휩쓸고 있을지는 몰라도 소비자 신뢰는 제대로 구축하지 못하고 있다"고 일침을 가했다. 아무리 좋은 기술이나 서비스도 사용자의 안전과 프라이버시가 보장되지 않는다면 시장에 발붙이기 어렵다. 사물인터넷이 해결해야 할 또 하나의 숙제다.

냉장고를
공짜로 팝니다

소프트뱅크SoftBank가 만든 감성로봇 페퍼Pepper의 가격은 19만 8천 엔이다. 제조원가도 안 되는 가격이다. 집에서 버튼만 누르면 생수나 세제 등 500여 가지의 생필품을 배송해주는 아마존Amazon의 대시 버튼Dash Button은 단돈 5달러다. 어떻게 이런 터무니없는 가격으로 팔 수 있을까? 짐작한 대로 그들은 제품을 판매할 때 수익을 내는 것이 아니라, 고객이 제품을 사용할 때 돈을 번다. 시장조사 기관 가트너의 부사장 짐 툴리는 "하드웨어 업체들이 IoT 시대에 살아남기 위해서는 냉장고를 공짜로 팔아야 한다"라고 말한다. 사물인터넷 시대에는 하드웨어보다 소프트웨어, 나아가 서비스가 중요하다는 의미다.

사물인터넷은 우선 사물이 인터넷에 연결되어 있어야 한다. 기기들을 연결하는 자체만으로도 큰 시장이고 꼭 필요한 인프라다. 그러나 단순히 센서를 인터넷에 연결하고 스마트폰으로 제어하는 것만으로는 부족하다. 백악관에서 IoT 부문 대통령 혁신연

소프트뱅크가 개발한 감성로봇 페퍼

구위원을 지낸 이석우 부국장의 이야기를 들어보자. "사물인터넷에서 기기들을 묶는 것은 크게 중요하지 않습니다. 예를 들어 냉장고와 시계를 연결할 수 있지만 그 자체로는 가치가 크지 않습니다. 연결해서 어떤 새로운 서비스를 제공하느냐에 주목해야 합니다. (⋯) IoT 비즈니스는 맨 아래부터 △칩-센서 등 하드웨어 △통신기술 등 네트워킹 △데이터 분석 △서비스로 이뤄져 있습니다. 밑에서 위로 갈수록 부가가치가 훨씬 커집니다." 누구나 아는 당연한 말 같지만 아직도 소프트웨어나 서비스를 기기 판매를 위한 수단 정도로 여기는 기업이 많은 실정이다.

판매에서 서비스로, 하트웨어에서 소프트웨어로

시장의 상황을 잠시 살펴보자. IT 전문 조사 업체 IDC^{International Data Corporation}는 사물인터넷 시장이 매년 17%씩 성장해서 2020년에는 1조7천억 달러(1천990조 원)에 달할 것으로 전망하였다. 우리나라 최대 수출 품목인 반도체의 세계 시장규모가 약 3천500억 달러

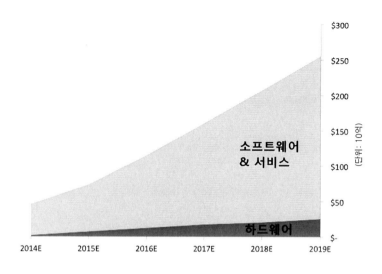

$300

$250

$200

$150

$100

$50

$-

(단위: 10억)

소프트웨어
& 서비스

하드웨어

2014E   2015E   2016E   2017E   2018E   2019E

소프트웨어와 서비스의 매출 비중

이니, 5년 후에는 지금 반도체 시장의 5배 크기에 이르는 새로운 시장이 생겨나는 것이다. 여기에 연결되는 기기의 숫자만 해도 300억~500억 개로 한 사람당 대략 5~6개 정도의 기기와 연결되는 셈이다. 10년 후인 2025년에는 사물인터넷 시장이 지금 전 세계 자동차 시장의 2배가 넘는 최소 3조9천억 달러의 시장으로 성장할 것이라는 전망도 나왔다. 각국 정부와 기업들이 차세대 성장 엔진으로 사물인터넷을 지목하는 이유가 여기에 있다.

시장규모의 예측은 조사 업체별로 차이가 있지만 향후에는 서비스가 수익의 대부분을 차지할 것이라는 공통된 의견을 보인다. 2020년경 사물인터넷 분야의 매출에서 서비스가 차지하는 비중을 BI 인텔리전스는 92%, IRS Global은 60%로 전망한다. 가트너는 사물인터넷으로 발생하는 수익 증가가 약 3천300억 달러에 달할 것으로 분석하였다. 그중 서비스가 전체 수익의 85%를 차지하고 단말기와 네트워크는 각각 9.5%와 5%대로 미미한 수준이다. 그리고 "결국은 사물인터넷의 수익이 100% 서비스 분야에서 창출되는 순간이 온다"는 조언도 덧붙였다.

이와 같은 시장의 변화에 따라 사물인터넷 비즈니스는 기존의 IT 비즈니스와는 다른 경쟁력이 요구된다. 먼저 디바이스는 스마트한 것보다 최소한의 기능만 담당하는 더미Dummy 단말기가 보편화될 것이다. 한동안 휴대폰이나 PC와 같은 디바이스가 점점 똑똑해질 것인지 단순해질 것인지를 놓고 논쟁이 벌어진 적이 있다. 지금 상황을 보면 스마트폰 하나로 모든 것을 하니 똑똑해진다는 쪽의 승리로 보인다. 반대쪽 논리는 이렇다. 인터넷으로 연결된 클라우드에서 정보를 처리해서 기기로 보내준다면 굳이 값비싼 단말기가 필요하지 않다는 것이다. 실제로 사무실 책상 위에는 모니터만 놓여 있고, 사내의 서버와 개인 컴퓨터를 연결해서

클라우드 서비스

사용하는 회사가 점차 늘어나는 추세다. 물론 양쪽이 공존하겠지만 사물인터넷 시대에는 가스나 수도 사용량을 알려주는 정도의 단순한 기기가 더 큰 비중을 차지하게 될 것이다. 스마트폰이 하나의 기기로 여러 가지 서비스를 했다면, 사물인터넷은 하나의 서비스를 위해 수많은 작은 단말기들이 필요하기 때문이다.

다음으로 네트워크는 작고 느리고 가벼운 연결에서 기회를 잡아야 한다. 지금의 통신망은 멀티미디어와 같은 대용량 콘텐츠를 빠르게 전송하기 위해 만들어졌다. 그러나 사물인터넷에는 센서에서 나오는 데이터를 주고받고 기기를 식별하는 정도의 소규모 네트워크가 적합하다. 제2의 퀄컴으로 평가받는 시그폭스Sigfox의 소물인터넷Internet of Small Things 서비스 요금은 1년에 기기당 1~12달러이다. 종업원 80명 정도의 이 벤처기업에 삼성전자, SK텔레콤, 일본의 NTT 도코모NTT Docomo, 스페인의 텔레포니카Telefonica와 같은 굴지의 기업들이 앞다투어 투자하는 이유이다.

끝으로 사물들이 생성하는 데이터는 미래의 석유라고 할 만큼 중요한 콘텐츠이다. 2016년 미국의 컴퓨터 회사 델Dell이 데이터 스토리지 분야 1위 업체인 EMC를 670억 달러(76조7천억 원)에 인수한다고 발표하였다. IT 업계 사상 최고 인수 금액이다. 사물인터넷 시대를 대비하는 시점에서 데이터의 중요성을 보여주는 상징적인 사건이다. 결국 이런 정보를 분석하여 고객이 원하는 서비스를 만들어내는 기업이 승자가 될 것이다. 구글, 애플, 페이스북Facebook이 사용자의 마음을 읽어내는 빅데이터Big Data와 인공지능AI, Artificial Intelligence에 열을 올리는 것도 이러한 까닭에서다.

스마트폰 시대에는 새로운 기능, 뛰어난 성능, 눈길을 사로 잡는 디자인을 겸비한 하드웨어가 경쟁력이었다. 그러나 사물인터넷 세상에서 서비스와 연계되지 않은 하드웨어는 가치가 없다. 냉장고는 공짜로 주고 플랫폼을 기반으로 수익을 창출하는 서비스에 승부를 걸어야 한다.

사물인터넷 시대의 패권은 어디로?

입사 이후 해마다 위기라고 해서 나중에는 실감이 잘 나지 않았다. 그런데 요즘에는 "지금이 진짜 위기다"라는 말이 새삼 걱정스럽게 와 닿는다. 스마트폰은 PC의 전철을 밟고 있는데 다음 킬러 애플리케이션Killer Application이 보이지 않는다. 업종 간의 경계도 사라지고 있어 경쟁 상대가 누군지도 알기 어렵다. 테슬라Tesla, 애플 같은 IT 기업이 자동차 회사의 미래를 위협하고 스마트워치가 전통의 시계 산업을 흔들기도 한다. 이종격투기와 같은 사물인터넷 세상에서는 이전처럼 제조사, 통신사, 서비스, 플랫폼 회사로 구분하는 것조차 의미가 없어진다. 생존을 위해서는 어떤 변신과 결합도 가능하기 때문이다. 그래서 사물인터넷 시대의 승자를 예측하기가 쉽지 않다. 우선 몇몇 후보들의 가능성을 살펴보자.

아마존, 구글, 애플의 삼파전
패권을 차지할 유력한 후보로 지목되는 것은 '세상의 모든 것을 판다The Everything Store'는 아마존이다. 쇼핑에 IT를 결합하여 온라인과 오프라인의 경계를 허문 스마트커머스Smart Commerce의 선두 주자다. 직원들에게 적자생존의 무한경쟁을 강요하는 특유의 기업 문화가 문제가 되기도 했지만 아마존의 진정한 경쟁력은 따로 있다. 아마존은 1994년 설립 이후 해마다 적자를 내면서도 플랫폼 구축을 위한 투자를 지속적으로 해왔다.

마침내 '아마존 웹 서비스AWS, Amazon Web Service'는 4만6천여 대의 서버를 보유한 플랫폼으로 성장하였다. 미국 항공우주국NASA을 비롯하여 전 세계 10만 개가 넘는 기업을 고객으로 둔, 클라우드 서비스의 최고 기업이 되었다. 클라우드는 데이터가 모이는 거대한 디지털 창고이다. 아마존은 방대한 빅데이터를 분석하여 소비자의 마음을 읽어낸다. 고객의 구매 패턴을 예측해서 고객이 상품을 주문하기도 전에 상품을 배송지 근처 물류센터로 보낼 준비를 마친다. 이미 사물인터넷 정복을 위한 베이스캠프를 확보한 셈이다.

아마존은 소비자를 쇼핑으로 유도하는 가정용 사물인터넷 기기도 출시하였다. 2015년 4월 생필품을 자동으로 주문할 수 있는 대시가 화제가 되었다. 기저귀나 화장지가 떨어졌을 때 막대기처럼 생긴 대시에 물건의 이름을 말하거나 바코드를 찍으면 24시간 이내 배달을 해준다. 2016년 3월에는 바코드를 찍을 필요도, 말할 필요도 없는 대시 버튼을 내놓았다. 엄지손가락 크기의 이 물건을 세탁기나 커피 머신에 붙여두고 세제나 커피 캡슐이 필요할 때 누르기만 하면 주문과 동시에 결제가 끝난다. 『월스트리트 저널』은 이 단순하고 작은 기계를 "사물인터넷으로 쇼핑을 자동화하는 첫 발걸음"이라고 평했다.

아마존의 대시 버튼

아마존은 한 걸음 더 나아가 인공지능 비서도 선보였다. 아마존의 음성인식 엔진 알렉사Alexa가 탑재된 원통형 스피커 에코Echo는 사용자와 대화도 가능하다. 간단한 말을 통해 쇼핑은 물론 위키피디아Wikipedia의 정보나 뉴스, 날씨도 알려준다. 아마존은 에코를 집 안에 침투시켜 사물인터넷의 허브로 키울 작정이다. 집요하게 우리의 가정을 파고드는 판매의 달인 아마존, 사물인터넷 시대의 승자로 거론될 만하지 않은가?

구글은 지주회사 알파벳Alphabet을 설립하여 회사를 분리하였다. 스마트홈, 무인 자동차, 풍선 기지국과 같은 새로운 사업 부문을 구글에서 떼어낸 것이다. 지금까지는 독보적인 검색 기술을 바탕으로 다양한 웹, 모바일 서비스를 제공하며 온라인공간을 지배해왔다. 구글의 신사업은 사물인터넷을 통해 현실공간까지 넘보고 있다.

첫 번째 타깃은 스마트홈이다. '세상의 모든 정보를 정리

구글 알파벳

한다'는 구글도 가정에서 생성되는 물리적 정보는 갖지 못했다. 2014년 가정용 온도 조절기를 만드는 매출 3천억 원의 네스트를 3조6천억 원에 인수하면서 집 안의 데이터를 수집하기 시작하였다. 집 안의 공기가 탁해지면 전구가 깜박거리며 알려주고, 사람이 없을 때는 알아서 실내 온도를 낮추어준다. 스마트홈이 만들어내는 현실공간의 데이터로 구글의 영역이 더욱 넓어졌다.

구글 네스트

두 번째 대상은 자동차다. 구글의 무인 자동차는 이미 300만km의 시험주행을 마치고 실리콘 밸리의 도로를 달리고 있다. 자동차가 스스로 운전을 하면 운전자는 무엇을 할까? 구글이 바라는 대로 핸들을 놓고 스마트폰과 대시보드의 스크린에서 구글의 서비스를 즐기고 있을지도 모르겠다. 자동차 안까지 구글이 점령하게 되는 셈이다.

마지막 공간은 하늘이다. 지금도 전 세계 인구의 57%인 42억 명은 인터넷을 사용하지 못하고 있다. 구글의 룬Loon은 네트워크 보급률이 낮은 국가나 오지에서도 인터넷을 쓸 수 있게 하는 프로젝트다. 헬륨을 채운 풍선이 햇빛과 바람을 이용하여 100일 이상 떠다니며 무선 기지국 역할을 하는 것이다. 한 개의 풍선으로 서울시 면적의 2배인 반경 20km를 커버한다. 이런 풍선 수천 개를 하늘에 띄워 LTE 신호를 땅 위로 쏘아준다. 고객의 시간과 공간을 장악하며 끊임없이 혁신을 추구하는 구글, 사물인터넷 시

애플의 헬스킷과 홈킷

대의 패권을 차지하기에 손색이 없다.

　애플은 전 세계 IT 강자들이 빠짐없이 모이는 국제 전시회에 참여하지 않는다. 서로 주도권을 잡겠다는 표준화에도 별 관심을 보이지 않는다. 그런데도 전문조사 기관들은 사물인터넷 시대에 영향력이 가장 큰 기업으로 애플을 꼽는다. 미국의『포춘』에 따르면 소비자들도 아마존과 구글보다 애플을 사물인터넷에 더 적합한 기업으로 생각한다. 애플이 48%라는 압도적인 지지를 받은 반면 아마존과 구글은 각각 15%와 13%의 표를 얻는 데 그쳤다. 왜 이런 결과가 나왔을까?

　우선 막강한 애플의 운영체제 iOS를 기반으로 만들어진 플랫폼을 꼽을 수 있겠다. 거기에 제휴업체들을 참여시켜 애플리케이션을 만들고 생태계를 키워가는 전략도 한몫을 했을 것이다. 애플은 헬스킷HealthKit, 홈킷HomeKit, 자동차용 카플레이CarPlay, 온오프라인을 이어주는 아이비콘iBeacon 등 개인의 건강관리부터 가정, 자동차, 유통을 망라하는 플랫폼을 구축하고 있다.

　먼저 홈킷은 인공지능 비서 시리Siri나 아이폰의 앱으로 가전제품을 제어하는 스마트홈 플랫폼이다. 루트론의 조명 조절기 카세타Caseta, 집 안 공기를 측정하는 엘가토의 이브Eve, 스마트 온도 조절기 에코비3Ecobee3 등 홈킷을 탑재한 제품을 출시하며 지원 세력을 모으는 중이다. 구글의 사물인터넷 플랫폼인 브릴로Brillo와 일전을 피할 수 없게 되었다.

　다음은 개인 건강관리 플랫폼인 헬스킷이다. 단순히 걸음이나 심박수를 측정하는 수준을 넘어 제조사, 앱 개발자, 사용자, 병원이 모두 참여하는 헬스케어 생태계를 구축한다. 지금의 웨어러블기기는 의료 장비가 아니다. 그래서 스마트밴드로 혈압이나 혈당을 측정하여도 의료적인 판단을 할 수 없는 반쪽 헬스케어기기다. 애플의 시도가 성공한다면 아이팟Pod과 아이폰이 이뤄냈던 생태계가 재연될 수도 있다. 애플은 애플다운 전략으로 사물인터넷 시대의 맹주 자리를 노리고 있다.

어쩌면 새로운 시대의 주인공은 다른 곳에서 잉태되고 있을지도 모른다. 지금의 500대 기업 중 40%가 10년 내 사라질 것이라고 한 시스코의 회장 존 체임버스John Chambers는 이렇게 말한다. "큰 기업이 작은 기업을 항상 이기는 것은 아니지만, 빠른 기업은 언제나 느린 상대를 물리친다."

사물인터넷도 한 걸음부터

10년 전 이어령 선생은 디지털 기술과 아날로그의 감성이 어우러진 '디지로그Digilog 시대'의 도래를 선언했다. 모든 것이 0과 1로 구분되는 디지털 세상에 살던 필자에게 "뱀은 어디에서부터 꼬리인가?"라는 책 서문의 질문은 충격이었다. 요즘 유행하는 사물인터넷도 따지고 보면 기존의 아날로그 물건에 디지털 기술을 입힌 '디지로그적的 기술'이라고 할 수 있다. "싱거운 밥과 짠 김치가 한데 어울려 김치맛이 되고 밥맛이 된다. 그러니 누가 김치맛과 밥맛을 따로 분간할 수 있겠는가." 융합을 이보다 멋지게 표현한 글은 본 적이 없다. 이제는 아날로그와 디지털의 융합이 사물인터넷의 모습으로 일상생활 속으로 들어오고 있다.

일상으로 들어오는 사물인터넷

사물인터넷은 기존의 산업과 결합되어 다양한 형태로 나타난다. 우리의 몸에 걸치면 웨어러블이 되고 가전제품과 결합하면 스마트홈이 된다. 자동차를 스마트카로 바꾸고, 의료와 만나 스마트헬스의 가능성을 열었다. 공장은 스마트팩토리Smart Factory가 되고 도시까지 확대되면 스마트시티가 된다. 요즘 하루가 멀다 하고 사물인터넷 관련 제품들이 쏟아지고 있지만 센서, 무선 통신, 서비스로 구성되는 형태는 유사하다. 대략 세 가지 단계로 나누어볼 수 있다.

첫 번째는 기존의 물건에 간단하게 붙여서 사물을 똑똑하게 만드는 추가형Add-On 스마트기기다. 두 번째 단계는 독립적으로 사용할 수 있는 단독형Stand-Alone 스마트기기다. 마지막은 네트워크로 이어져 생태계를 이루면서 사람의 개입 없이 작동하는 연결형 단계의 스마트기기다. 최근 출시되는 대부분의 사물인터넷 제품은 첫 번째인 추가형에 속한다. 예를 들면 기저귀나 화분에 습도 센서를 장착하여 수분을 감지하고 스마트폰에 정보를 전송하는 식이다. 사물인터넷이 꼭 거창할 필요는 없다. 그래서 아이디어가 있으면 빠르게 시제품을 만들어 시장의 반응을 보고 즉각 개선하는 '린 스타트업Lean Startup' 전략이 중요하다. 먼저 사물인터넷이 무엇인지 직관적으로 알 수 있는 추가형 제품 몇 가지를 살펴보자.

손목시계는 나를 표현하는 패션 아이템이다. 첨단 IT로 무장한 스마트워치에 끌리기도 하지만, 중후하고 럭셔리한 아날로그시계의 매력을 포기할 수는 없다. 이런 고민을 단박에 해결해주는 '똑똑한 시곗줄Smart Strap'이 나왔다. 줄만 바꾸면 아날로그시계가 스마트워치로 변신한다. 스위스의 시계 명가 리치몬드 그룹의 몽블랑Montblanc은 이-스트랩e-Strap이라는 새로운 시곗줄을 선보였다. 아날로그시계의 멋을 유지하면서 활동량 측정, 알림, 휴대폰 제어

몽블랑의 이-스트랩

등 스마트한 기능을 결합한 것이다. 스타트업Startup도 이미 진출했다. 한국인 CEO가 설립한 카이로스Kairos가 개발한 스마트 시곗줄 T-band에는 터치스크린, 블루투스, 심박 측정기, 움직임 센서, 나침반 등 다양한 기술이 내장되어 있다. 마이크로소프트와 스위스 시계 업체들도 관심을 보인다고 하니 기대가 크다.

가정에서 사용하던 물건들을 스마트하게 바꾸어주는 아이디어 상품도 속속 등장하고 있다. 와이파이Wi-Fi, Wireless Fidelity가 내장된 스위치를 콘센트에 꽂고 그 위에 기존 가전제품의 플러그를 꽂으면 집 밖에서도 스마트폰으로 가전제품을 켜고 끌 수가 있다. 위모Wemo와 줄리Zuli 등 여러 회사에서 이런 종류의 제품을 출시하였다. 그중 아이디바이스iDevice의 스위치Switch가 눈에 띈다. 애플의 홈킷에 연동되어 음성인식 비서인 시리로 조작할 수 있다. 침대에서 책을 보다 졸리면 일어날 필요 없이 "전등 좀 꺼줘" 하고 그냥 자면 된다. 5~6만 원을 투자해서 우리 집의 가전제품들이 똑똑해진다면 꽤 괜찮은 일 아닌가?

독일의 스타트업 타도Tado는 '낡은 에어컨에게 스마트한 삶을 주자'를 모토로 내걸었다. 이 회사의 타도 쿨링Tado Cooling이란 제품은 기존의 에어컨을 스마트 에어컨으로 바꾸어준다. 리모컨 기능을 하는 적외선 장치가 내장되어 있어 집 밖에서도 휴대폰으로 컨트롤할 수 있다. 스마트폰이 리모컨 역할을 하는 셈이다. 블루투스Bluetooth와 와이파이를 이용해서 집 근처에 '가상 울타리Geofencing'도 만들어준다. 마지막 사람이 집에서 나가면 에어컨을 스스로 끄고, 울타리 안에 가족들이 들어오면 미리 집 안을 시원하게 해두기도 한다.

The Smart AC Control that uses your phone's location to cut your energy bill.

타도 쿨링 서비스

인생의 3분의 1을 지낸다는 침대도 스마트화 대열에 참여했다. 2015년 CES에서 위딩스Withings는 숙면을 도와주는 수면 센서 오라Aura를 소개했다. 침대 밑에 깔아두면 호흡이나 심장박동, 뒤척임을 측정하여 수면 상태를 분석해준다. 조명으로 수면 호르몬의 분비를 도와주고 음악 스트리밍 서비스 스포티파이Spotify로 기분 좋게 깨워준다. 삼성전자도 슬립센스SLEEPsense를 출시했다. 이

위딩스의 수면 센서 오라

스라엘 스타트업 얼리센스EarlySense의 의료용 기술을 적용한 제품이다. 두께가 1cm 정도로 탁구 라켓처럼 생겼는데 침대 매트리스 아래에 두면 잠자는 동안 맥박, 호흡, 수면주기 등을 분석해준다. TV, 에어컨, 조명 등 가전제품과 연동하여 TV를 보다가 잠이 들면 자동으로 전원을 꺼주고 에어컨이 쾌적한 수면을 위한 온도에 맞춰 작동한다. 잠만 자는 곳이었던 침대가 우리의 건강까지 챙겨주는 스마트기기로 다시 태어났다.

기존의 TV도 간단히 스마트TV로 바꿀 수 있다. 정보통신연구원은 2014년 우리나라 스마트TV 보유율이 9.6%라고 발표하였다. 아직 스마트하지 않은 TV를 보는 사람이 90%가 넘는다는 뜻이다. 스마트TV를 가지고 있지만 제대로 사용하는 사람이 많지 않고, 심지어 인터넷 연결조차 하지 않은 경우도 절반이 넘는다고 한다. 여전히 스마트TV는 사용하기 어려운 비싼 TV처럼 보인다. 2013년 구글은 평범한 TV를 스마트하게 해주는 크롬캐스트

구글 크롬캐스트

Chromecast를 35달러에 출시하였다. 손가락만 한 크기로 USB처럼 생겼는데 기존 TV에 꽂기만 하면 된다. 모바일기기에서 즐기던 영화와 게임은 물론 유튜브, 티빙, 호핀, HBO, NBA 채널 등도 TV에서 볼 수 있다. 구글이 성능과 디자인이 업그레이드된 크롬캐스트 2.0을 출시했을 때 외신은 "구글이 우리의 가정에 들여놓는 트로이 목마"라고 평했다. 크롬캐스트는 단순한 스트리밍기기가 아니다. 가전제품을 똑똑하게 만드는 스마트홈의 주인공이 될 가능성이 큰 물건이다.

사물인터넷, 공간을 연결하다

지도는 인류의 역사이자 문명의 기억이다. 기원을 따지면 초고대 문명까지 거슬러 올라간다. 2013년 낡은 세계 지도 하나가 유네스코UNESCO 세계문화유산에 등재되었다. 1513년 오스만 제국의 피리 레이스Piri Reis라는 해군 제독이 만들었다고 한다. 거기에는 19세기 이후에 발견되었다고 알려진 남극 대륙이 포함되어 있었다. 더 이해할 수 없는 점은 수천 년 전 얼음으로 뒤덮이기 이전의, 남극 대륙의 해안선과 강들이 상세하게 기록되어 있다는 것이다. 1949년 남극 조사대가 지진 탐사를 통해 발표한 지도와 놀랍도록 일치하여 또 한 번 충격을 주었다. 하지만 학계의 인정을 받지 못해 오파츠OOPARTS, Out-of-Place Artifacts, 즉 역사적으로 명확하게 설명이 되지 않아 '장소에 어울리지 않는 유물'로 치부되어왔다.

문명 이전에 초고대 문명이 있었는지는 알 길이 없지만 지도는 그렇게 오래도록 우리와 함께 지내왔다. 20세기 이후 디지털 기술의 발전은 지도를 손바닥 안의 휴대폰 속에 집어넣었다. 지구를 빙빙 돌리면서 어디든지 볼 수 있고, 가보지 않아도 막히는 길을 아는 천리안이 생긴 것이다. "충분히 발달한 과학은 마법과 구분할 수 없다"는 영국의 작가 아서 클라크Arthur Clarke의 말이 현실로 나타난 걸까. 사물인터넷 시대에 지도는 또 어떤 변신을 할지 들어가 보자.

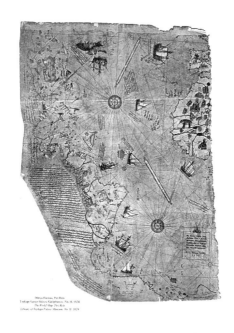

피리 레이스의 지도

실시간으로, 공유하고, 원하는 장소에서

요즘 화제가 되고 있는 다음 세 가지의 공통점은 무엇일까? 첫 번째는 아무 때고 보고 싶은 영화를 보여주는 주문형비디오VOD

와 같이 '요구가 있으면 언제든지' 서비스를 제공하는 '온디맨드On-Demand'다. 이는 수도꼭지를 틀면 물이 나오듯이 스마트기기를 누르면 가사, 운전, 의료 등 원하는 서비스가 쏟아지는 세상을 말한다. 두 번째는 대부분의 시간을 주차장에서 보내는 자동차나 사용하지 않는 빈방처럼 낭비되는 자원을 활용한다는 '공유경제Sharing Economy'다. 요즘 대박이 난 우버나 에어비앤비Airbnb 같은 스타트업이 이를 영리하게 이용하고 있다. 『한계비용 제로 사회』의 저자 제러미 리프킨은 "사물인터넷은 공유 사회의 소울메이트"라고 했다. 공유경제가 IT 기술과 연관이 깊다는 의미겠다. 세 번째는 배달 앱, 부동산 앱, 모바일 쿠폰 서비스처럼 온라인과 오프라인의 경계를 넘나드는 'O2OOnline to Offline'다. 이제는 스마트기기를 든 고객이 서 있는 곳이 온오프라인의 경계가 되었다.

그렇다. 짐작한 대로 답은 '위치Location'다. 지도를 기반으로 하는 공간 정보가 이런 서비스를 가능하게 한 것이다. 시내버스 도착 안내 서비스도 버스가 어디 있는지 알아야 하고, 할인 쿠폰도 고객이 매장 앞에 올 때 제공해주어야 효과가 있다. 지금까지 인터넷이 사용자의 시간 뺏기 경쟁에 몰두했다면, 사물인터넷 시대에는 공간을 선점해야 한다. 검색 서비스, SNSSocial Network Service에 이어, 공간 정보를 제공하는 위치기반 서비스LBS, Location Based Service가 IT 기업들의 새로운 격전지가 되었다. 이를 선점하려는 기업들의 인수합병M&A 경쟁도 치열하다.

2012년 아이폰에서 구글 맵스Google Maps을 지우고 애플맵Apple Map으로 바꾸려던 애플의 시도가 부실한 지도로 인해 참담한 실패로 돌아갔다. 결국에는 CEO 팀 쿡Tim Cook이 공개사과를 하고,

『CNN』이 선정한 '올해 최악의 기술 1위'에 오르는 수모를 겪었다. 이후 애플은 지도 서비스 관련 기업을 집요하게 사들였다. 맛집이나 명소를 추천해주는 로케이셔너리Locationary, 대중교통 앱 업체 홈스톱닷컴과 엠바크Embark, 실내 위치 서비스를 제공하는 와이파이슬램WifiSlam, 브로드맵BroadMap 등 5개를 줄줄이 인수하였다. 이후 GPS의 정확도를 높이는 기술을 보유한 코히어런트 내비게이션Coherent Navigation까지 인수하였다. 이쯤 되면 공간을 점령하기 위한 전쟁을 준비하는 수준이다.

그럼에도 지도의 제왕은 역시 구글이다. 구글은 10년 전 웨어2 테크놀로지Wear2 Technology를 인수하면서 구글 맵스 서비스를 시작했다. 이후 위성 지도 구글 어스Google Earth, 길거리는 물론 바닷속까지 보여주는 스트리트 뷰Street View, 별자리 앱 스카이 맵Sky Map, 실내 지도 구글 인도어Google Indoor까지 지도 기술의 끝을 보여주고 있다. 2013년에는 페이스북, 애플과의 경쟁 속에서 '이스라엘판 김기사'로 불리는 웨이즈Waze까지 13억 달러에 사들였다. 구글의 핵

구글 웨이즈

중국판 우버, 디디콰이디

심 사업은 검색이 아니라 위치기반 서비스라는 말이 나올 만하다.

중국의 IT 삼인방 BAT(바이두, 알리바바, 텐센트)도 지도 서비스에 뛰어들었다. 바이두Baidu는 지구의 자기장을 이용하여 실내 위치 정보를 알아내는 핀란드의 인도어아틀라스Indoor Atlas에 1천만 달러를 투자하였다. 이에 질세라 알리바바Alibaba는 중국 최대 지도 앱 업체인 오토내비高德를 15억 달러에 인수하면서 시장 점유율 1위로 올라섰다. 6억 명의 사용자를 보유한 위챗WeChat의 텐센트Tencent도 메신저에 소셜 정보를 결합하기 위해 음식점 리뷰 사이트인 디엔핑点評에 4억 달러를 투자했다. 2015년 2월에는 텐센트Tencent가 투자한 디디다처滴滴打車와 알리바바가 투자한 콰이디다처快的打車가 합병하면서 중국판 우버인 140억 달러 기업 디디콰이디滴滴快的가 탄생하기도 했다.

이와 같은 위치기반 서비스의 전개 방향은 두 가지로 생각해볼 수 있다. 하나는 실외에서 실내로의 공간 확대이고 또 하나는 가상공간과 현실공간의 연결이다. 안과 밖, 가상과 현실을 뛰어넘어 어디서나 끊김 없이 매끄러운 서비스를 제공하는 것이 사물인터넷 시대의 지도 서비스이다. 지금까지 GPS는 자동차 내비게이션, 항공기나 선박의 운항, 군사 분야와 같이 실외에서 사용되는 경우가 대부분이었다. 점차 실내 공간이 대형화되고 지하공간이 늘어나면서 새로운 비즈니스의 기회가 생겨나고 있다.

기대가 크지만 개선할 부분도 남아 있어

2013년 애플이 실내에서 위치를 파악할 수 있는 아이비콘을 선보인 이후 '비콘Beacon 열풍'이 불기 시작했다. 비콘은 '신호를 보내는 장치'라는 뜻이다. 등대, 봉화, 구급차의 경광등 모두 비콘이라고 할 수 있다. 지금은 블루투스나 와이파이, 지구 자기장 등을 이용해서 실시간 위치를 파악하는 기술을 칭한다. 2015년 7월에는 구글도 에디스톤Eddystone이라는 비콘을 발표하여 애플에 도전장을 던졌다. 비콘은 동전만 한 크기로 대략 반경 50m까지 신호를 전송하고 그 범위 내에 있는 스마트폰이 정보를 수신하는 통신방식이다. 쇼핑몰 내에서 상점을 지날 때 할인쿠폰이나 이벤트 메시지를 보내주기도 하고 박물관의 전시물 앞에 서면 관련 정보를 스마트폰으로 보여준다. 애완동물이나 가방에 비콘을 붙여두면 잃어버릴 염려도 없고, 복잡한 쇼핑몰이나 지하공간에서 길을 알려주는 실내 내비게이션 역할도 한다. 이와 같은 실내 위치 정보 서비스의 시장규모는 2017년 60억 달러에 이를 것으로 전망된다.

이런 예측이 실현되기 위해서는 몇 가지 해결해야 할 문제가 있다. 필요할 때 보내주는 쿠폰은 반갑지만 원하지 않을 때 쏟아져 들어오는 홍보성 쿠폰은 스팸으로 간주되기 쉽다. 또 비콘을 사용하려면 블루투스가 켜져 있어야 하는데 사용자들이 배터리 소모 때문에 꺼두는 것도 확산에 걸림돌이 된다. 서비스 업체별로 수많은 앱을 따로 설치해야 하는 것도 번거로운 일이다. 결제와 같은 금융 분야에 도입하기 위해서는 우선 보안 문제가 해결되어야 한다. 또한 아직 미흡한 부분을 개선하고 본인의 위치 정보를 제공하는 것에 대한 거부감을 상쇄할 만한 사용자 혜택을 제공하는 것이 관건이라 할 수 있다.

2장

사용하는 기술에서
함께하는 기술로

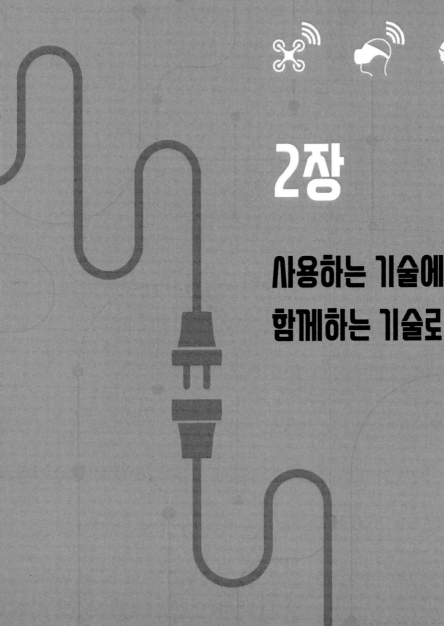

웨어러블의 탄생

어릴 때는 동네마다 주산학원이 여럿 있었다. 요즘으로 치면 수학학원 정도로 인기가 좋았지만 1980년대 컴퓨터와 전자계산기가 등장하면서부터 디지털 물결에 휩쓸려 사라진 유물이 되어버렸다. 그러던 주산이 집중력과 사고력을 높인다는 입소문을 타면서 다시 부활하고 있다. 최근에는 아이들이 주산을 배우면 계산 능력뿐만 아니라 기억력과 집중력 등 뇌기능이 향상된다는 연구 결과도 나왔다.

중국이 기원인 주산은 2013년에 유네스코 인류무형유산으로 등재되었다. 천하의 절경 황산으로 유명한 중국 안후이성에 가면 3천여 점의 주산 관련 자료가 보관된 주산박물관이 있다. IT 전문 매체인 『기즈모도』가 '세계에서 가장 오래된 스마트반지The World's Oldest Smart Ring'라고 소개한 청나라 시대의 은반지가 거기에 있다. 반지의 장식 부분에는 가로 1cm, 세로 0.5cm의 주판이 붙어 있다. 주판알의 지름은 채 1mm가 되지 않지만 뾰족한 핀을 사용하면

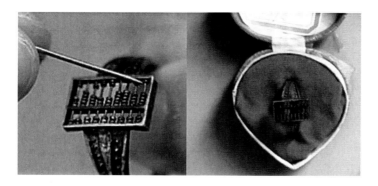

주판반지

실제 계산도 가능하다. 웨어러블기기의 시조라고 불러도 될 것 같다. 그로부터 400여 년이 지난 지금 사물인터넷 기술로 무장한 웨어러블기기가 시계, 안경, 팔찌, 반지, 신발 등 다양한 모습으로 진화하고 있다.

쓰는 전자제품에서 입는 전자제품으로

웨어러블기기는 말 그대로 사람의 몸에 걸치는 전자제품이다. '신체에 부착하여 컴퓨팅 행위를 할 수 있는 모든 것'이라고 할 수 있다. 책상 위에 있던 컴퓨터가 스마트폰이 되어 손안으로 들어오더니 이제는 컴퓨터를 입는 시대가 되었다. 형태별로 보면 시계나 안경과 같은 액세서리형, 스마트 양복과 같이 입을 수 있는 의류일체형, 피부에 붙이는 신체부착형 정도로 나뉜다. 용도별로는 건강을 위한 피트니스와 헬스케어, 정보와 오락용인 인포테인먼트Infotainment 그리고 군사 산업용으로 구분된다. 나누다 보니 조금 복잡해졌는데 사례를 통해 훑어보는 것이 좋을 것 같다.

다양한 웨어러블기기

웨어러블이 어떻게 발전해왔는지 잠시 살펴보자. 현대적 의미의 착용형기기는 대략 50년 전부터 연구가 시작되었다. 1968년 하버드대학교의 교수 이반 서덜랜드Ivan Sutherland가 삼성의 기어 VR과 같이 머리에 쓰는 형태의 디스플레이HMD, Head Mounted Display를 만들었다. 3D 가상현실의 원조 격인 이 장치는 사용자의 머리 위 천장에 매달려 있었다. 사람들은 이 기계에 '다모클레스의 칼Sword of Damokles'이라는 서양 속담을 별명으로 붙여주었다. 한 가닥 말총에 매여 있는 칼 아래 선 것처럼 위험한 상태를 빗댄 말인데, 이 기계를 개발한 연구원들이 꽤나 불안했나보다.

웨어러블 컴퓨터의 아버지로 불리는 스티브 만Steve Mann은 1981년 고등학생 시절 최초의 웨어러블 디지털 안경인 아이탭EyeTap을 세상에 선보였다. 배낭에 넣은 컴퓨터와 헬멧에 장착된 카메라로, 녹화는 물론 실제 화면에 컴퓨터 영상을 겹쳐서 보여주는 오늘

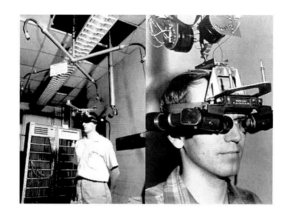

초기 HMD의 모습

자이버넛의 포마

날의 증강현실AR, Augmented Reality 기능도 구현했다. 1999년 업그레이드
된 아이탭은 지금의 구글 글라스Google Glass와 흡사하게 생겼다.

　　이후 발전을 거듭하여 상용 수준에 가까워진 최초의 웨어
러블 컴퓨터로는 2002년에 열린 CES에서 자이버넛Xybernaut사가 출

품한 포마Poma가 꼽힌다. 허리에 차는 컴퓨터, 머리에 쓰는 안경 모양의 디스플레이, 팔뚝에 붙이는 키보드로 구성된 엉성한 모양이었다. 가격은 1천500달러였는데 혹평을 받았다. 상용화에 실패했음은 물론이다.

하지만 지금의 제품들과 비교하면 조악하더라도, 선구자들의 적극적인 도전 덕분에 웨어러블이 스마트폰을 이어갈 차세대 기대주가 된 것은 아닐까? 비즈니스 관점에서 보면 무엇What을 어떻게How 하느냐도 중요하지만 실행의 타이밍When이 성패를 가른다는 교훈을 남긴 '필요한 실패Necessary Failure'의 사례였다. 그동안 이렇게 빛을 보지 못했던 웨어러블기기가 최근에 주목을 받는 이유는 무엇일까?

인간과 한 몸이 되는 전자기기?

그전에 먼저 웨어러블이 성공하기 위한 조건을 알아보자. 스티브 만은 세 가지를 갖추어야 한다고 말한다. 첫째는 다른 일을 하면서도 사용할 수 있는 '작동의 자유성', 둘째는 인간의 생물학적 한계를 넘어서는 '신체의 확장성'이다. 셋째는 주변 환경을 스스로 인식하여 정보를 제공하는 '자율적 인지성'을 꼽았다. 사물인터넷 시대에 비로소 이런 조건들이 하나둘씩 갖추어지게 되었다.

작동의 자유성을 가지려면 앞에서 본 우스꽝스러운 기계들을 작게 만드는 소형화 기술이 필요하다. 요즘 스마트폰에 들어가는 카메라는 콩알만 하고 사물인터넷용 하드웨어인 인텔의 큐리는 손톱 크기 정도다. 그리고 샤오미의 보조배터리는 손바닥보다 작은 크기에 휴대폰을 5~6번 충전할 수 있는 2만mAh의 용량을 담았다. 스마트폰에 들어가는 다양한 센서는 눈에 보이지 않을 정도로 작다. 그리고 선으로부터 자유롭기 위해서는 와이파이, 블루투스, LTE와 같은 무선 통신이 필요하다. 이제 이 모든 것이 준비된 셈이다.

신체의 확장성은 인간의 육체적 한계를 극복하고 두뇌의 기능을 보조한다. 영화 〈아이언맨〉의 주인공 토니 스타크가 입은 슈트를 외골격外骨格, Exoskeleton이라 하는데, 이미 군사용이나 의료용을 넘어 산업현장에서도 사용되고 있다. 사람의 근력을 10배로 키워주는 것도 있고 거동이 불편한 노약자의 이동을 도와주는 보행보조기도 선보였다. 또한 인공지능의 발달로 기억이나 학습, 인지와 같은 두뇌 역할을 보조하는 기술도 놀라운 수준에 이르렀다. 인터넷 검색을 통해 필요한 정보를 찾는 것 역시 기억의 역할을 보조한다고 볼 수 있다. 끝으로 자율적 인지성은 환경을 자동으로 인식하는 센서와 이들로부터 필요한 정보를 찾아내는 빅데이터 기술의 발전으로 해결의 가능성이 높아졌다.

스마트폰 시대가 저물면서 사물인터넷에 대한 기대가 커지고 있다. 사물인터넷이 쓰이는 곳은 스마트홈, 헬스케어, 자동차, 각종 산업 분야 등 다양하지만 가장 빠른 성장세를 보이는 곳은 스마트워치와 스마트밴드를 필두로 하는 웨어러블 시장이다. 시장조사 기관인 IDC에 따르면 웨어러블기기의 시장규모는 2015년에 7천200만 대가 출하되어 전년 대비 173% 성장한 것에 이어 향후 5년간 연평균 42%씩 성장해 2019년에는 1억5천만 대 규모의 시장이 된다고 한다. 최근에는 웨어러블에 대한 인식도 많이 나아졌다. 의심이 많이 걷혔다. 포스트 스마트폰 시대의 대안 중 하나로 기대를 걸어도 좋을 것 같다.

**웨어러블,
아름답거나
눈에 띄지 않거나**

전 세계 성형수술 시장규모는 약 21조 원이다. '성형 왕국'으로 불리는 한국 시장은 5조 원 수준으로 전체의 25%를 차지한다. 인구 1천 명당 수술 건수는 13.5건으로 그리스, 이탈리아, 미국을 제치고 세계 1위이다. 외모 불평등이 성별이나 인종에 따른 불평등보다 훨씬 크다는 연구 결과도 있다. 한편으로는 외모의 가치를 중시하는 뷰티즘Beautism이나 루키즘Lookism이 사람에게만 해당되는 것은 아닌 듯싶다. 『번 슈미트의 미학적 마케팅』의 공저자 번 슈미트는 "자신이 팔려는 것의 실용성만을 강조해서는 한계가 있다"라고 지적한다.

기술이나 성능만을 자랑하던 시대는 끝났다. 마케팅 용어 중에 '테카르트 마케팅Techart Marketing'이라는 것이 있다. 기술Tech과 예술Art을 합친 말로, 차가운 기술에 예술적 감성을 더해 소비자의 마음을 움직이는 기법이다. 발음이 비슷해서 테카르트 마케팅이라고 하지만 철학자 데카르트와는 아무런 상관이 없다. 2005년 4월

아르마니 폰

삼성은 디자인의 혁신을 통해 일류를 넘어서기 위한 '밀라노 선언'을 했다. 이후 세계적인 디자인 거장들과 함께 컬래버레이션 Collaboration 제품을 출시하며 IT 제품의 디자인을 한 차원 높이 끌어올렸다.

삼성은 조르지오 아르마니Giorgio Armani 폰, 뱅앤올룹슨Bang & Olufsen과 협력한 세린Serene과 세레나타Serenata 폰, 이탈리아의 거장 마시모 주끼Massimo Zuchhi가 디자인한 냉장고를 출시했고, 최근에는 몽블랑과 함께 갤럭시노트의 스타일러스 펜을 선보이기도 하였다. 한편 LG전자는 2006년 아트디오스 냉장고로 가전 시장에 아트 열풍을 일으켰고, 그 뒤 프라다Prada 폰, 갤러리 OLED TV 등 지속적으로 기술과 예술의 접목을 시도하였다.

기술과 패션의 화려한 만남

스마트폰은 옷이나 가방 속에 넣고 다니지만 웨어러블은 시계, 팔찌, 반지, 목걸이처럼 겉으로 드러나는 물건이다. IT 제품이기도 하지만 동시에 그 사람의 개성이나 취향을 나타내는 패션 아이템이다. 스마트기기 업체 미스핏Misfit의 CEO 소니 부는 "성공적인 웨어러블 제품을 만들려면 아주 아름답거나 눈에 띄지 않아야 합니다"라고 말한다. 단순히 전화와 메시지 수신을 알려주거나 운동량을 분석하는 기능으로는 다른 제품과의 차별화가 쉽지 않다. IT 기업들은 웨어러블을 패션 제품으로 포지셔닝하기 위해 오래전부터 공들여왔다.

애플은 누구보다 디자인에 정성을 쏟는 회사다. 애플은 CEO인 팀 쿡보다 7배나 많은 800억의 보수를 주고 버버리Burberry의 CEO를 역임한 앤젤라 아렌츠를 영입하였다. 뒤이어 버버리의 마케팅 임원 무사 타리크와 디자인 담당 체스터 치퍼필드까지 줄줄이 스카우트하였다. 2013년에는 이브 생 로랑Yves Saint Laurent의 브랜드명을 생 로랑 파리Saint Laurent Paris로 바꾸어 입방아에 올랐던 CEO 폴 드뇌브와 스위스의 명품 시계 테그호이어TAG Heuer의 부사장 파트리크 프루니오도 끌어들였다. 애플은 스마트기기의 마지막 승부처가 디자인이고 패션임을 진작에 알고 있었던 것이다.

2015년 독일에서 열린 삼성 기어S2의 쇼케이스에 디자인계의 전설로 불리는 알레산드로 멘디니Alessandro Mendini가 모습을 보였다. 세계적 권위의 디자인상인 황금콤파스상을 3번이나 수상하였고 까르띠에Cartier, 에르메스Hermès, 스와로브스키Swarovski 등과 협업한 그가 기어S2 디자인에 참여한 것만으로도 화제를 불러일으켰다. 그는 "기어S2도 그림을 그리듯 디자인했다"고 한다. 웨어러블이 스마트하기만 해서는 머리만 좋은 사람처럼 그다지 매력적이지 못하다. IT 기업부터 패션 업계까지 기술과 디자인 그리고 감성

이 어우러진 패셔놀로지Fashionology, Fashion+Technology에 사활을 거는 이
유다. 웨어러블이 패션 아이템으로 자리 잡으면서 IT와 패션의 협
업도 활발해지고 있다.

　　반도체를 만드는 회사인 인텔은 스마트팔찌 미카MICA를 선
보였다. 유명 패션 업체 오프닝 세리모니Opening Ceremony와 함께 여성
용 패션 액세서리를 디자인하였다. 사파이어 재질의 곡면 터치 화
면과 물뱀 가죽으로 만든 밴드에 금도금, 진주, 마다가스카 원석,
러시아 흑요석을 더해 멋을 냈다. 흔히 '유심칩'이라 불리는 SIM
카드가 내장되어 있어 스마트폰 없이도 문자메시지 회신, 알림 기
능, 지역 검색 등을 이용할 수 있다. 기술과 디자인이 결합된 미카
는 '나의 똑똑한 커뮤니케이션 액세서리My Intelligent Communication Accessory'
라는 의미를 담고 있다. 2016 뉴욕 패션 위크에서 인텔은 전위적
디자인으로 유명한 크로맷Chromat과 함께 웨어러블 의상을 선보이
기도 했다. 인텔도 사물인터넷 시대에 더욱 커지는 디자인의 중요
성을 실감한 듯하다.

미카

스와로브스키 샤인

스티브 잡스Steve Jobs를 해고했던 애플의 전 CEO 존 스컬리
는 2011년 벤처 사업가인 소니 부와 함께 미스핏을 설립하였다.
'세상에서 가장 우아한 웨어러블기기'를 기치로 내걸고 피트니스
트래커 미스핏 샤인Shine을 출시하며 웨어러블의 작은 거인으로 성
장했다. 2년 뒤 세계 3대 디자인상 중 하나인 '레드 닷 디자인 어워
드Red Dot Design Award'와 그리고 'A 디자인 어워드A'design Award'를 수상했
다. 2015년 CES에서는 주얼리 브랜드인 스와로브스키와 손잡고
스와로브스키 샤인Swarovski Shine 컬렉션을 발표하였다. 웨어러블 디
자이너로 유명한 슈지 파크치안은 "이들의 컬래버레이션으로 테
크놀로지가 얼마나 아름다워질 수 있는지를 구체화하였다"고 평
했다. 크리스털 몸체에 샤인을 넣고 보석으로 치장한 펜던트로,
손목을 감싸는 디자인이 인상적이다. 기능은 일반 스마트밴드와
비슷하지만 태양광으로 충전하는 에너지 크리스털을 적용하여 따
로 충전할 필요가 없다.

핏빗은 활동량, 심박수, 수면 패턴 등을 알려주는 스마트밴
드 시장 점유율 1위 기업이다. 기존의 팔찌 형태인 핏빗 포스Fitbit

토리버치 포 핏빗

Force와 핏빗 플렉스Fitbit Flex는 고무 재질의 밴드로 흔히 볼 수 있는 밋밋한 모양이었다. 2015년에 기업공개IPO로 슈퍼리치 대열에 오른 한국계 CEO 제임스 박은 미국의 유명 디자이너 토리 버치Tory Burch와 함께 토리버치 포 핏빗Tory Burch for Fitbit을 내놓았다. 핏빗의 본체인 피트니스 트래커를 로즈골드, 샤이니골드, 실버의 우아한 팔찌와 펜던트로 치장하며 여심 공략에 나섰다. 웨어러블기기보다 패션 액세서리에 가까운 모습이다.

자외선으로부터 피부를 보호해주는 네타트모Netatmo의 준June도 아름다운 웨어러블기기로 꼽힌다. 주얼리 디자이너 카미유 투페가 디자인한 자외선 모니터링 팔찌이다. 골드, 플래티넘, 건 메탈 세 가지 색상의 보석 모양 외관에 자외선 센서UV Sensor가 내장되어 있다. 블루투스로 스마트폰과 연동하여 자외선 지수를 알려주고 사용자의 피부 타입에 적합한 자외선 차단 방법도 알려준다. 분리하면 예쁜 브로치로 착용할 수도 있다. 최초로 '아름다운 웨어러블Beauty Wearable'이란 카피를 내세우며 지난 4월 영국의 고급 화장품 멀티숍 스페이스 NK에서 180달러에 판매를 시작했다.

다음은 예쁘고 똑똑한 반지다. 이제 반지만 있으면 스마트폰을 가방이나 옷에 넣어두었다가 중요한 전화를 못 받는 일은 없을 것 같다. 2014년 『타임』지가 선정한 올해의 발명품에 애플워치, '셀카봉'과 함께 예쁜 반지 하나가 선정되었다. 그 주인공은 스마트 반지 링리Ringly다. 반지의 LED 불빛과 진동으로 전화와 문자는 물론 트위터Twitter, 페이스북, 인스타그램Instagram 알림 기능을 제공한다. 다섯 가지 색깔과 네 가지 진동 패턴을 조합하면 어디에서 온 연락인지 폰을 꺼내지 않고도 확인할 수 있다. 오닉스, 사파이어, 레인보우 월장석, 에머랄드로 만든 스마트링이다. '보석, 기술을 만나다Jewelry, Meet Technology'라고 자랑할 만하다.

링리

알트루이스 클레오파트라

런던의 패션 브랜드 코버트 디자인스가 내놓은 알트루이스 클레오파트라Altruis Cleopatra 시리즈는 똑똑한 보석Smart Jewelry으로 불린다. 지르코니아 세라믹을 멋지게 세공한 반지알은 골드, 로즈골드, 플래티넘 블랙 색깔의 다양한 반지에 세팅된다. 스타일에 따라 반지, 팔찌, 펜던트로 변화를 주며 착용할 수도 있다. 전화나 문자가 오면 반지알 속에 숨어 있는 진동 모듈이 부드럽게 떨리며 신호를 보낸다. 가격은 구성에 따라 345달러에서 430달러까지 다양하다.

오메이트 웅가로 링

프랑스 패션 명가 엠마누엘 웅가로Emanuel Ungaro와 스마트기기 제작사 오메이트Omate가 선보인 반지 역시 인상적이다. 웅가로의 디바Diva 향수병에서 영감을 얻어 디자인한 웅가로 링Ungaro Ring은 오직 한 사람을 위한 럭셔리 스마트반지다. 단 한 곳의 연락처만 선택할 수 있고 그 전화와 문자가 올 때만 알려준다. 토파즈, 오팔, 사파이어, 오닉스, 루비로 세팅된 반지의 가격은 500달러부터 시작해서 2천 달러까지 있다.

지금까지 기술과 패션의 아름다운 만남 몇 장면을 살펴보았다. 애플의 CEO 스티브 잡스는 "디자인은 단순한 겉포장이 아니라 인간이 만든 창조물의 중심에 있는 혼"이라고 했다. 그렇다, 웨어러블 전쟁의 끝은 디자인이다.

행복을 위한 웨어러블

　　강원도 홍천에 가면 자연 속에서 건강한 삶을 체험할 수 있는 '힐리언스 선마을'이란 곳이 있다. 그곳의 촌장이며 정신과 의사인 이시형 박사는 83세의 나이에도 '팔순의 젊은 청년' '사십대 같은 팔십대'로 불리는 대한민국 건강 전도사다. 그는 "100세 시대에 가장 필요한 것은 죽는 날까지 건강하게 두 발로 걸을 수 있는 것"이라고 말한다. 다른 사람의 도움을 받지 않고 혼자 움직이는 일이 그만큼 중요하다는 의미일 것이다. 우리 몸의 근육은 40세 이후 매년 1%씩 줄어든다고 한다. 특별히 근력 운동을 하지 않는 경우 80세가 되면 40%의 근육이 감소하는 셈이다. 나이가 들어 보행에 어려움을 겪는 주된 원인은 근력 저하다. 더욱이 사고나 질병으로 인해 거동이 불편한 사람들의 고통은 이루 말할 수 없을 것이다. 최근 이런 어려움을 겪는 이들에게 웨어러블기기가 작은 희망이 되고 있다.

리워크의 도움으로 마라톤 풀코스를 완주한 클레어 로마스

2012년 런던 마라톤 대회에서 클레어 로마스라는 여성이 17일 만에 풀코스를 완주하였다. 영국의 보석 디자이너였던 그는 낙마 사고로 하반신이 마비되어 걸을 수 없게 되었다. 그는 자신과 비슷한 처지에 놓인 장애인의 재활을 연구하는 자선단체의 모금을 위해 대회에 출전했다. 전 세계 매스컴은 이 아름다운 도전에 찬사를 보냈다. 그가 42km 대장정을 마칠 수 있었던 것은 함께한 가족의 사랑과 리워크^{Rewalk}라는 입는 로봇 덕분이었다. 리워크는 아르고^{Argo}사의 제품으로 척수가 손상된 환자들을 걷도록 도와주는 웨어러블 로봇^{Wearable Robot}이다. FDA의 승인까지 받은 이 제품은 최근 리워크 퍼스널 6.0이 나오면서 사용자가 더 자연스럽게 걷고 계단도 오르내릴 수 있도록 업그레이드되었다. 실제 착용한 환자들은 휠체어에서 일어나 걷게 해준 이 로봇을 '자유^{Freedom}'라고 부른다. 웨어러블이 스마트워치의 편리함을 넘어 인간의 행복을 위한 기술로 성큼 다가왔다.

영역을 가리지 않는 웨어러블기기

산업현장에서 하루 종일 무거운 기계를 들고 일하는 작업자, 병원에서 환자를 돌보는 간병인, 군장을 메고 전장을 누비는 군인을 위한 장비도 개발되고 있다. 웨어러블 로봇은 영화 〈아이언맨〉 주인공의 철갑옷인 '아이언맨 슈트'나 〈엣지 오브 투모로우〉에서 톰 크루즈가 입은 엑소슈트Ekso Suit와 같이 SF 영화의 단골 소재이기도 하다. 이처럼 육체적인 한계를 극복하거나 신체의 결함을 보조하기 위해 입는 로봇을 외골격이란 뜻의 엑소스켈레톤이

엑소 슈트

엑소바이오닉스의 헐크

라고 부른다. 지금은 미국과 일본이 시장을 주도하고 있다. 아직 시작 단계지만 2025년에는 시장규모가 5조 원을 넘을 것이라고 한다.

최초의 입는 로봇은 1960년대에 GE가 개발한 하디맨^{Hardiman}으로 알려져 있다. 하디맨을 착용하면 4.5kg의 힘으로 110kg을 들 수 있다. 무려 25배나 강력한 힘을 낼 수 있는 것이다. 하지만 650kg에 달하는 자체 무게와 불안정한 움직임으로 실용화되지는 못했다. 이후 웨어러블 로봇은 군사용으로 개발되었다. 2000년대 미국 국방성 방위고등연구계획국^{DARPA} 주도로 방위 산업체인 록히드마틴^{Lockheed Martin}과 레이시온^{Raytheon}이 실전 배치가 가능한 수준의 군사용 웨어러블을 선보였다. 록히드마틴 산하의 엑소바이오닉스^{Ekso Bionics}사가 개발한 헐크^{HULC, Human Universal Load Carrier}를 착용하면 90kg의 군장을 지고 시속 16km로 산악지대를 달릴 수 있다. 엑소바이오닉스는 이 기술을 이용하여 재활치료용 엑소^{Ekso}와 건설

포티스를 실제 사용하는 모습

현장이나 공장에서 사용할 수 있는 산업용 웨어러블 로봇 포티스
Fortis도 개발하였다. 장비의 무게는 약 20kg으로, 여성도 거뜬히 들
고 작업을 할 수 있을 정도다.

한편 일본은 고령화 사회에 대비한 생활 밀착형 제품을 주
로 개발해왔다. 사람처럼 두 발로 걷는 휴머노이드 로봇 아시모
Asimo를 만든 혼다Honda는 노약자를 위한 '보행 어시스트Honda Walking
Assist'를 최초로 선보였다. 허리 쪽에 붙어 있는 보행 패턴 인식 센
서가 적절한 타이밍으로 허벅지를 밀어 힘을 덜 들이고 걷게 해
준다. 임상을 거쳐 우선 뇌졸중이나 골절로 보행이 어려운 환자를
대상으로 판매될 계획이다. 하반신의 근력이 약한 노인을 위한 제
품도 곧 출시할 예정으로 실버 세대의 삶의 질을 높여줄 제품으로
기대를 모으고 있다. 산업 분야에서의 적용도 확산되는 추세다.
전자제품 회사인 파나소닉Panasonic은 물건을 들거나 작업을 보조하
는 어시스트 슈트Assist Suit를 출시하였다. 짐을 들어 올릴 때 허리의
부담을 15kg 정도 덜어주는데 자체 무게는 6kg에 불과하다.

혼다의 보행 어시스트

대기업뿐만 아니라 벤처기업의 활약도 주목할 만하다. 웨어러블 로봇 업체의 CEO 중에서 『포브스』가 선정한 슈퍼리치가 탄생했다. HAL^{Hybrid Assistive Leg}이라는 제품으로 유명한 사이버다인^{Cyberdyne}의 설립자 산카이 요시유키가 그 주인공이다. 쓰쿠바대학교의 교내 벤처로 출발해서, 2004년에 사이버다인을 설립했다. 2015년 상장 이후 산카이의 자산이 10억 달러로 평가되면서 억만장자 반열에 올라섰다. HAL을 착용하면 근력이 10배 가까이 강해지는 효과가 있어 70kg 정도의 물건을 쉽게 들 수 있고, 노인이나 장애인의 보행에도 많은 도움이 된다. 유럽에서는 이미 의료기기 승인을 받은 상태이고 FDA와 일본에서 승인을 진행하며 시장을 확대하고 있다.

도쿄이과대학교의 벤처 이노휘스가 간병인용으로 개발한 근력증강 로봇인 머슬슈트^{Muscle Suit}도 양산을 시작했다. 지게처럼 생긴 이 장비의 무게는 4.5kg인데 몸에 걸치면 30kg 정도의 무게를 더 들 수 있어, 환자를 보다 더 쉽게 들거나 옮길 수 있게 해준

사이버다인의 HAL

다. 야노경제연구소에 따르면, 65세 이상 노인 인구가 3천만 명을 넘어선 일본의 간호 로봇 시장이 2020년에는 350억 엔에 달할 것이라고 한다.

국내에서도 일부 기업과 대학을 중심으로 연구를 수행하여 기술 격차를 빠르게 줄여가고 있다. 한양대학교 한창수 교수가 설립한 헥사시스템즈의 웨어러블 로봇은 세계 수준과 비교해도 손색이 없다. 2014년 국제 병원의료산업 박람회에서 교통사고로 하반신이 마비된 환자가 이 회사의 로봇을 입고 걷는 모습이 방송되어 화제를 모았다. 그는 "저희 같은 사람들은 일어서는 게 꿈입니다. 그런데 버튼 하나 눌러서 자리에서 일어서고 걷는 건 기적이라고 생각합니다"라며 눈물을 글썽였다. 현대자동차는 2015년 미국에서 열린 컨퍼런스에서 보행보조용 로봇을 선보였다. H-LEX^{Hyundai Lifecaring ExoSkeleton}로 불리는 이 로봇은 노약자 보행과 재활 보조용으로 현재 개발 및 연구가 진행 중이다. "당장 돈을 벌기보다는 사회적 약자에 대한 관심을 불러일으키는 것이 우선적인 목표"라고 한다.

가격과 안전, 웨어러블이 풀어야 할 숙제

끝으로 웨어러블 로봇의 성공에 필요한 요소를 간략히 짚어보자. 첫 번째로는 가격이다. 장애 정도에 따라 차이는 있지만 클레어 로마스가 마라톤을 할 때 입었던 리워크는 7만 달러이고 엑소바이오닉스 제품은 10만 달러로 아직은 비싸다. 사이버다인의 HAL은 최소 사양 제품이 2만 달러이고, 혼다의 리스^{Lease} 요금은 3년 약정에 월 4만5천 엔이다. 앞으로 건강보험이 적용되고 양산 체제를 갖추면 소비자의 부담이 줄어들 것으로 보인다. 전문가들은 일반 노약자용 로봇의 가격이 200~300만 원 정도가 되면 대중화가 가능할 것으로 예상한다.

두 번째로 웨어러블 로봇은 사용자의 동작 의도를 잘 파악해야 한다. 웨어러블 로봇은 사람의 몸에 직접 부착하여 사용하는 기기이다. 기존의 로봇처럼 반복적인 작업을 하는 것이 아니기 때문에 사용자의 의도를 재빨리 알아차려서 반응하는 것이 중요하다. 정지하려고 하는데 힘을 가하거나 계단을 내려오는데 타이밍을 잘못 맞추어 밀게 되면 부상이나 사고의 위험이 있다. 이런 일을 방지하기 위해 근육이나 뇌에서 발생하는 전기신호를 통해 사전에 의도를 파악하는 방법을 쓰기도 한다. 현재는 주로 몸이 움직이면서 나타나는 회전, 힘, 기울기 등으로 사후에 의도를 파악하고 있다. 두 가지 방법 모두 아직은 연구가 필요하지만 센서와 인공지능 등의 기술 발전으로 몇 년 내에 개선이 이루어질 것으로 보인다. 머지않아 거동이 불편하신 부모님께 웨어러블 로봇을 선물할 날이 올 것 같다.

디지털 치매

"스마트폰이 똑똑해질수록 사람은 더 멍청해진다." 500자리의 숫자를 단 한 번 듣고 기억해내는 기네스 기록 보유자 에란 카츠Eran Katz의 말이다. 그는 기술 발전이 뇌의 능력을 떨어뜨리지 않도록 두뇌를 부지런히 사용해야 한다고 충고한다. 최근 한 설문조사에 따르면 응답자의 34%가 부모나 형제의 전화번호를 기억하지 못한다고 답하였다. 가족 이외에 아는 번호가 거의 없다는 응답자도 절반이 넘었다. 디지털기기에 지나치게 의존하는 탓에 기억력이나 사고력이 떨어지는 '디지털 치매'라는 신조어도 생겨났다. 독일의 뇌의학자 만프레드 슈피처는 이것을 '정신적 추락'이라고 했다. 사람이 신경 쓰지 않아도 기계들이 모든 것을 알아서 해주는 세상이 되면 우리가 지식을 습득하고 생각하는 방식은 어떻게 변하게 될까?

이제 스마트기기는 우리와 잠시도 떨어질 수 없는 사이가되었다. 아침에 눈을 뜨자마자 더듬거리며 스마트폰을 찾고 잠들

때까지 손에서 놓지 않는다. 휴대폰이 없으면 초조하거나 불안을 느끼는 증상을 노모포비아Nomophobia라고 한다. '노 모바일폰 포비아No Mobile Phone Phobia'를 줄인 말인데 휴대폰 금단현상 정도의 의미다. 영국의 주간지 『이코노미스트』는 생각하는 사람인 호모 사피엔스에 빗대어 휴대폰 없이 살아가기 어려운 인류, 포노 사피엔스Phono Sapiens의 시대가 도래했다고 보도했다. 이 새로운 인류가 하루에 접하는 정보는 한 세기 전 사람이 평생 접한 것과 맞먹는다. 그러다 보니 정보의 홍수 속에서 사소한 일상의 선택이나 결정조차도 스스로 판단하기 어려워하는 사람들이 생겨났다.

점심 메뉴는 배달 앱이 제공하는 '아무거나 서비스'로 정하고, 옷은 치수만 선택하면 쇼핑몰에서 알아서 골라주는 '복불복 이벤트'로 산다. 심지어 좋아하는 이성에게 고백할지 말지를 스마트폰 앱에 물어보기도 한다. 일명 '햄릿 증후군' '결정 장애' '아마도 세대Generation Maybe'로 불리는 현상이다. IT 기술이 발전할수록 기억이나 판단과 같이 두뇌가 해야 할 일을 점점 외부의 기계에 맡기는 것이 낯선 일은 아니다. 앞에서 육체적 한계를 극복하기 위한 웨어러블을 바깥의 뼈대라는 의미로 외골격이라 불렀다. 이제 스마트기기와 인공지능의 발달은 외골격을 넘어 인간의 뇌에 다가서고 있다. 『LG Business Insight』에 실린 「Exobrain 시대가 오고 있다」에서는 외부에서 나를 대신하여 두뇌 역할을 해주는 것을 내 몸 밖의 뇌라는 뜻으로 엑소브레인外腦, Exobrain이라고 불렀다. 미래에는 웨어러블 로봇을 입고 외뇌를 연결하면 슈퍼맨이 되는 것도 불가능하지만은 않을 것 같다.

기억도 IT 기술의 도움을 받는 시대

뇌의 기능 중 '기억'은 이미 많은 부분을 외부의 기계에 의존하고 있다. 컴퓨터의 저장 매체와 클라우드에 보관하거나 필요한 정보를 검색으로 찾는 것도 어찌 보면 기억력의 한계를 보완하려는 것이다. 클라우드는 인터넷에 연결된 저장 공간과 소프트웨어와 같은 IT 자원을 빌려주는 서비스이다. 아마존이나 구글과 같은 글로벌기업들이 눈독을 들이는 시장이기도 하다. 컴퓨터 회사 델이 IT 업계 최대 규모인 670억 달러를 들여 인수한 EMC도 데이터를 관리하는 스토리지 회사이다. 사람과 사물이 만들어내는 데이터는 미래의 석유와도 같은 중요한 자원이기 때문이다. 구글 드라이브Google Drive, 드롭박스Dropbox, 하이브Hive, 에이드라이브ADrive 등 개인에게 큰 저장 공간을 무료로 제공하는 업체도 20군데가 넘는다. 구글에서 내놓은 구글 포토스Google Photos는 사진과 동영상을 무제한으로 업로드할 수 있는 서비스다. 기억의 보조 공간인 외부 스토리지의 용량이 무한대로 커지고 있다.

앞으로는 이렇게 방대한 양의 정보 속에서 원하는 정보를 찾아내는 일이 중요해질 것이다. 관련 서비스도 차츰 등장하고 있다. 몇 년 전 지구상의 디지털 데이터의 양은 약 8ZB로 8억 개의 미국 의회도서관이 소장하고 있는 정보의 양과 맞먹는 정도라는 보고가 있었다. 20여 년 전 신입사원 시절에 논문이나 특허를 조사하는 날은 외근을 나갔다. 도서관과 특허청 서가에 앉아 두툼하게 제본된 책을 넘기며 자료를 찾았다. 이제는 인터넷 검색 없이 정보를 찾는 것은 상상할 수 없는 세상이 되었다. 지금은 단순히 단어나 문장을 찾는 수준을 넘어 내가 관심 있는 것을 알아서 추천해주는 개인 맞춤형 서비스 단계까지 왔다. 오래지 않아 검색과 결합된 음성인식 비서가 세상의 지식을 마치 내 머릿속에 있는 것처럼 쓸 수 있게 해줄 것이다.

외뇌는 기억력을 보완해줄 뿐만 아니라 막히지 않는 길을 알려주는 것과 같이 상황을 인식하고 적절한 판단을 내린다. 컴퓨터에게 학습을 시켜 지능을 높이는 머신러닝Machine Learning 열풍이 불고 있다. 구글의 회장 에릭 슈미트는 "5년 뒤 머신러닝이 모든 산업에 적용될 것"이라고 단언한다. 그중 사람의 뇌신경망을 모방하여 사물을 인식하고 상황을 추론하는 딥러닝Deep Learning은 인공지능의 핵심 기술로 주목받고 있다. 이미 특정 분야에서는 사람의 능력을 뛰어넘는 기계도 등장했다. 1997년 IBM의 인공지능 컴퓨터 딥 블루Deep Blue가 세계 체스 1인자 게리 카스파로프를 꺾고 챔피언 자리에 올라 화제를 모았다. 그로부터 14년이 지난 2011년, IBM은 지구상에서 가장 똑똑한 컴퓨터인 왓슨Watson을 내놓았다. 왓슨은 50년 역사를 자랑하는 미국의 퀴즈쇼 제퍼디Jeopardy에서 인

퀴즈쇼 제퍼디에 출연해 우승을 차지한 IBM의 왓슨

간을 상대로 승리를 거두었다. 74연속 우승 기록 보유자인 켄 제닝스와 상금왕 브래드 루터도 왓슨에게 무릎을 꿇었다. 그 뒤로 왓슨의 속도와 성능은 24배가 향상되었고 덩치는 10분의 1로 줄었다. 2016년 한국에서는 구글의 인공지능 프로그램 알파고^{AlphaGo}가 천재 바둑기사 이세돌을 무너뜨리며 딥러닝 열풍이 불기도 하였다.

　　최근 글로벌기업부터 스타트업까지 인공지능 연구에 뛰어들면서 기술 경쟁이 뜨겁다. 애플의 시리, 구글의 나우^{Now}, 아마존의 알렉사, 마이크로소프트의 코타나^{Cortana}, 페이스북의 M과 같은 인공지능 비서는 이미 우리 곁에 와 있다. 이런 기술을 바탕으로 모든 사물이 연결되는 만물인터넷 시대가 되면 인간은 두뇌 밖의 뇌에 더 많이 의존하며 살 것이다. 『생각하지 않는 사람들』의 저자 니콜라스 카^{Nicholas Carr}는 인터넷이 우리의 뇌 구조를 바꾸고 있다고 말한다. 그는 인터넷을 통해 스쳐가는 파편적 정보가 우리의 사고방식을 얕고 가볍게 만든다고 경고한다.「구글이 우리를 바보

다양한 음성인식 비서

로 만들고 있는가?」Is Google Making Us Stupid?」라는 그의 기고문에 등장하는 한 병리학자의 고백을 들어보자. "나는 이제 톨스토이의 『전쟁과 평화』와 같은 긴 글을 읽는 능력을 상실했습니다. 심지어 블로그 포스트가 서너 단락만 넘어가도 눈에 들어오지 않습니다." 그 말을 듣고 나니 이 글도 독자들이 읽기에 부담이 되지 않을까 걱정이 이만저만이 아니다.

적정기술, IT를 만나다

유니세프UNICEF에 대해서는 전쟁, 질병, 기아와 같이 어려운 환경에서 살아가는 사람을 돕는 국제 구호단체라는 정도밖에 몰랐었다. 그런 곳에서 전 세계를 대상으로 웨어러블기기 공모를 한다고 해서 관심을 가지던 중 유니세프에 대한 몇 가지 새로운 사실이 눈에 들어왔다.

첫째는 유니세프가 1965년 노벨평화상을 수상했다는 것이다. 둘째는 기업에만 있는 줄 알았던 혁신을 위한 이노베이션 랩을 독자적으로 운영하고 있다는 점이다. 케냐의 나이로비를 중심으로 15개국에서 활동하며 낙후지역 어린이를 위한 솔루션을 개발하는 것이 미션이다. 셋째로 선善을 위한 웨어러블이란 뜻의 프로젝트 '웨어러블 포 굿Wearable for Good'을 수행하는 것도 알게 되었다. 다양한 아이디어를 모아, 저개발국가의 여성과 아이들을 위한 제품이 만들어질 수 있도록 도와주는 것이다. 여기에는 영국의 반도체 설계 회사인 ARM과 애플의 매킨토시를 디자인한 프로그 디자

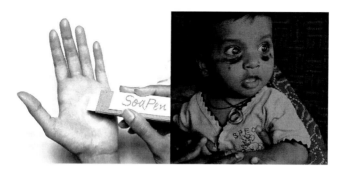

소아펜(왼쪽)과 쿠쉬 베이비(오른쪽)

인Frog Design사도 파트너로 참여하고 있다.

세상에서 가장 따뜻한 기술, 적정기술

2015년에는 65개국에서 250개 팀이 응모하여 최종 2개가 우승 작품으로 뽑혔다. 그중 한국과 인도팀이 공동으로 출품한 소아펜SoaPen은 아이들에게 손 씻는 습관을 길러주는 크레용 비누이다. 또 하나 쿠쉬 베이비Khushi Baby는 목걸이 형태의 웨어러블기기로 근거리 무선 통신NFC을 이용해서 아기들의 예방접종이나 의료기록을 알려준다. 심사의 첫 번째 기준은 가격이 낮으면서 저개발국가의 환경에서 고장 없이 오래 사용할 수 있는가이다. 이런 기술을 적정기술Appropriate Technology이라고 부른다. '소외된 90%를 위한 기술'로 불리는 적정기술은 그 지역의 환경이나 경제적 수준, 사회적 여건에 적합한 물건을 만드는 것이다. 먼저 적정기술의 배경에 대해 간단히 살펴보고 넘어가자.

적정기술은 1960년대부터 제3세계의 빈곤 문제를 해결하기 위해 논의가 시작되었다. 본격적으로 알려진 것은 영국의 경제학자 에른스트 슈마허Ernst Schumacher의 저서『작은 것이 아름답다』에 중간기술Intermediate Technology이란 이름으로 소개되면서부터이다. 적정기술의 아버지로 불리는 슈마허는 선진국 중심의 대규모 경제를 비판하며 중간기술 개발집단TDG을 설립하여 개발도상국을 도왔다. 한편에서는 적정기술의 지평을 '인간을 위한 디자인'으로 넓혀준 빅터 파파넥Victor Papanek 교수의 헌신이 있었다. 그는 화산 지역 원주민을 위해 9센트짜리 경보방송 깡통 라디오를 만들어 보급하면서 널리 알려졌다. 그 뒤로도 이른바 '착한 기술'을 이용하여 유네스코와 세계보건기구WHO에 많은 도움을 주었고 이 운동은 전 세계의 호응을 얻게 된다.

그러나 기대를 모았던 적정기술 제품들이 현지 주민들에게 외면을 받고 사라지는 일들이 발생했다. 게다가 그 효과에 대해 비판의 소리가 나오면서 적정기술은 위기를 맞게 된다. 정신과 의사 폴 폴락은 '인도주의적 기부 방식'이 실패의 원인이라고 진단하고 지속 가능한 비즈니스의 길을 모색한다. 국제개발협회IDE를 설립하고 소외된 계층을 자선의 대상이 아닌 고객으로 바라보기 시작하였다. 그의 이념은 요즘 주목을 받고 있는 사회적기업Social Enterprise에도 많은 영향을 주었다.

그럼 적정기술의 예를 몇 가지 살펴보자. 많이 알려진 것 중에는 빨대 모양의 휴대용 정수기 라이프 스트로Life Straw, 먼 곳에서 쉽게 물을 길어오게 하는 타이어 모양의 큐드럼Q-Drum, 발로 밟아 7m 깊이의 지하수를 퍼올리는 페달 펌프Pedal Pump 등이 있다.

'항아리 속 항아리' 팟인팟 쿨러Pot-in-Pot Cooler라는 냉장고도 인

라이프 스트로(위 왼쪽)와 큐드럼(위 오른쪽)을 사용하는 모습
페달 펌프(아래 왼쪽)를 사용하는 모습과 팟인팟 쿨러(아래 오른쪽)

기다. 커다란 옹기 속에 작은 옹기를 넣고 그 사이를 젖은 모래로 채우면 되는 간단한 구조이다. 더운 지방에서 2~3일이면 상하는 과일을 여기에 넣으면 전기 없이 20여 일 동안 신선하게 보관할 수 있다. 단순한 이 단지가 2001년 『타임』이 선정한 올해의 발명으로 선정되었고, 창의적인 문화 활동에 수여하는 롤렉스 어워드Rolex Awards까지 수상하였다.

240개의 깡통으로 만든 태양광 집열기도 있다. 빈 깡통의 위아래에 구멍을 낸 뒤 이어 붙이고 검게 칠한 다음 여러 개를 틀로 묶으면 완성이다. 햇빛을 받으면 아래쪽에서 들어온 찬 공기가 깡통을 지나면서 데워져, 주변보다 10~20도나 따듯한 공기가 위로 나오는 훌륭한 태양열 히터가 된다. 적정기술 자체는 그다지

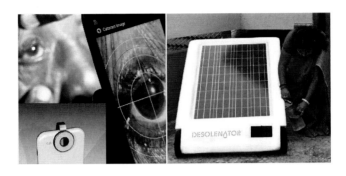

안구 질환을 진단해주는 픽 레티나(왼쪽)와 태양광 정수기 디솔리네이터(오른쪽)

어려운 기술이 아니다.

　최근에는 전통적인 적정기술에 IT가 결합되면서 진화를 거듭하고 있다. 2015년 8월 덴마크 왕실에서 후원하는 디자인상인 인덱스 어워드Index. Award 시상식이 열렸다. 이 상은 '더 나은 삶을 위한 디자인' '사회적 약자와 소외계층을 위한 디자인'을 추구한다. 72개국에서 출품한 1천 개 이상의 작품 중 6개가 최종 수상작으로 선정되었다. 그중 눈길을 끄는 작품 2개가 있다. 신체 분야에서 1위를 차지한 픽 레티나Peek Retina는 스마트폰에 부착해서 백내장 등 안구 질환을 진단하는 휴대용기기이다. WHO에 따르면 시력에 손상을 입은 사람의 90%가 의료 혜택을 받지 못하는 저소득층이라고 한다. 심사위원들은 픽 레티나가 진단의 패러다임을 바꾸는 스마트폰 애플리케이션이며 다른 헬스케어 솔루션에도 영감을 주는 상징적인 작품이라고 평가하였다.

　또 하나는 인터넷 투표로 선정하는 상인 피플스 초이스People's Choice를 수상한 태양광 정수기 디솔리네이터Desolenator이다. 별도의 전원 없이 햇빛만으로 오염된 물이나 바닷물을 식수로 바꾸어주는 장치다. 태양전지로 물을 끓여 하루 15리터의 증류수를 만들고 밤에는 LED 전구를 밝히는 조명으로도 사용된다. 지금도 깨끗한 물을 마실 수 없는 10억 명의 사람들에게는 생명의 샘물이나 다름없다.

축구공의 변신도 놀랍다. 하버드대학교의 두 학생이 과제로 만든 축구공 발전기 소켓Soccket이 그 주인공이다. 공 안에 시계추

축구공 발전기 소켓

같은 것이 들어 있어 공을 찰 때의 운동에너지를 전기에너지로 바꾸어 충전을 한다. 30분 정도 가지고 놀면 LED 전구를 3시간 정도 켤 수 있는 전기가 모인다. 2011년 사회적기업 언차티드 플레이 Uncharted Play를 설립하여 전기가 부족한 지역에 보급을 시작했다. 그 뒤 줄넘기를 하면서 전기를 만드는 줄넘기 펄스PULSE도 개발하였다. 소켓과 펄스는 이미 아프리카와 남미에서 5만 개 이상이 사용되고 있다. 그 공로로 CEO인 제시카 매튜스는 2011년 '10명의 가

장 영향력 있는 여성 기업가', 2012년 '올해의 과학자', 2013년 '올해의 혁신가'에 이름을 올리는 영광을 안았다. 2014년에는 『포브스』가 선정하는 '30세 이하 영향력 있는 30인Forbes 30 Under 30'에도 선정되었다.

기업들도 적정기술에 관심을 보이고 있다. 기업의 사회적 책임CSR, Corporate Social Responsibility의 중요성이 높아짐에 따라 상생경영, 사회공헌이 경영의 현안으로 떠올랐기 때문이다. 또한 선진 시장이 포화됨에 따라 미래의 잠재 시장을 확보하는 것이 중요해진 까닭이다. 피라미드의 아래쪽을 의미하는 BOPBottom of Pyramid 시장은 전 세계 인구의 60%로 40억 명이 넘는다. 지금은 연간 소득이 3천 달러 정도이지만 시장의 성장률과 구매력이 꾸준히 상승하고 있다. BOP 시장의 중요성이 부각되면서 발 빠른 기업들은 레드오션이 되어버린 선진 시장만 바라보는 게 아니라 피라미드의 저층부로 눈을 돌리고 있다. 세상을 살리는 기술이 결국 기업을 살리는 것이 아닐까 생각해본다.

스마트센서,
스포츠도 스마트하게

문화심리학자 김정운은 애플이 디지털 세상을 지배하게 된 것이 '터치Touch' 때문이라고 말한다. 버튼을 누르는 대신 살짝 만지기만 해도 반응하는 인터페이스가 아이팟, 아이폰, 아이패드iPad의 성공 비결이라는 것이다. 심리학적으로도 인간의 가장 기본적인 의사소통 행위인 '만지기'는 '누르기'와는 질적으로 다른 경험이라고 봤다. 지금은 누구나 스마트폰 화면을 손가락으로 만지지만 10년 전만 해도 자판이 닳도록 눌러야 했다. 그때는 이런 일도 있었다. 어느 날 옆 팀에서 휴대폰 화면을 손가락으로 눌러서 조작하자는 기가 막힌 아이디어를 발표했다. 그러자 그쪽 팀장이 소리를 지르며 하신 말씀. "휴대폰 화면을 손으로 만지면 때 묻잖아, 누가 그렇게 쓰겠어?" 그 뒤로 그 팀이 어떻게 되었는지는 기억이 없다.

2007년 애플이 아이폰을 내놓으면서 터치 센서는 사용자 경험UX, User Experience의 패러다임을 바꾸어놓았다. 이후 스마트폰에는 여러 가지 센서가 장착되기 시작해 지금은 10~20 종류가 들어 있다. 몇 가지 예를 들어보자. 가장 기본적인 것은 사람의 눈과 귀의 역할을 담당하는 카메라와 마이크다. 움직임을 측정할 때는 가속도 센서와 자이로 센서를 사용한다. 심장 박동을 재는 심박 센서, 비밀번호를 대신하는 지문 센서, 높이를 알려주는 고도계, 조도 센서, 동작 센서, 위치 센서 등이 내장되어 있어 센서 기술의 결정체로 불린다. 스마트폰이 스마트한 것은 센서 덕분이라고 해도 과언이 아니다.

애플 워치의 심박 센서

센서 분야 시장의 전망도 밝다. 정보통신기술진흥센터의 조사에 따르면 스마트센서 시장은 2012년 90억 달러에서 2019년 216억 달러 규모로 성장할 것으로 예상된다. CES 기자간담회에서 삼성전자 윤부근 사장은 "센서 사업을 하면 대박이 터질 것이다"라며 그 중요성을 강조하기도 했다. 스마트센서는 휴대폰뿐 아니라 웨어러블과 스마트홈과 같은 사물인터넷 분야로 확대되고 있다. 센서가 어떻게 사용되고 어떤 방향으로 비즈니스를 만들어가는지 알아보자.

작고, 편리하고, 정확한 스마트센서

다양한 센서를 한 번에 다루기는 어려운 까닭에, 필요할 때마다 조금씩 살펴보려고 한다. 우선 움직임을 파악하는 센서에 대해 알아보자. 움직임을 알기 위해서는 자동차가 급정거할 때 앞으로 쏠리는 것과 같은 속도의 변화를 측정하는 가속도 센서Accelerometer가 필요하다. 거기에 기울어짐이나 회전을 측정하는 자이로Gyro 센서가 합해지면 미세한 움직임도 정확하게 알 수 있다. 최근에는 지구의 자기장 방향을 알려주는 지자기Magnetometer 센서가 일체로 된 9축 모션 센서가 사용되기도 한다. 웨어러블기기로 운동량을 측정하거나 스마트폰으로 게임을 할 때도 이런 기술이 사용된다. 사물의 움직임을 이용해서 어떤 제품을 만들 수 있는지 몇 가지 스포츠 관련 아이디어를 모아보았다.

2015년 한국 프로야구 MVP로 NC 다이노스의 에릭 테임즈 선수가 선정되었다. 타율, 득점, 출루율, 장타율을 부문을 석권하며 타격 4관왕에 올랐고 한국 프로야구 최초 40홈런-40도루를 달성하였다. 그러자 시속 150km의 직구를 펜스 밖으로 넘기는 그의 스윙 스피드가 언론의 관심을 모았다. 국내에는 공식적인 기록이 없어 확인을 못하였지만 미국 메이저리그에서는 선수들의 스윙을 다각도로 측정한다고 한다. 여기에 사용되는 것이 젭 랩스Zepp Labs 사의 모션 센서인데 타자의 스윙 속도, 타격 각도 등을 분석해준다. 6g 정도 무게의 센서에는 2개의 가속도계와 자이로가 들어 있다. 젭 센서로 측정한 결과 메이저리그 스타급 선수들의 스윙 스피드는 시속 130km에서 145km 정도라고 한다. 149달러의 이 제품은 골프와 테니스를 할 때도 사용할 수 있다. 일본의 소니Sony도

젭 랩스의 모션 센서

라켓 제조사인 윌슨, 요넥스와 손잡고 테니스용 스윙 교정 센서를
내놓았다. 지름 3.1cm, 무게 8g의 모션 감지 센서를 라켓 손잡이
에 붙이면 스윙 스피드, 볼 회전, 임팩트 위치를 스마트폰으로 확
인할 수 있다.

　　골프를 좋아하는 사람들을 위한 제품도 등장했다. 프린터
전문 업체인 엡손_{Epson}은 스윙 분석기 엠트레이서_{M-tracer}를 출시하
였다. 작은 센서를 골프클럽에 부착하고 스윙을 하면 휴대폰 앱으
로 분석해주는 기기다. 모션 센서가 내장되어 있어 스윙 궤도, 임
팩트, 템포, 페이스 각도 등을 체크할 수 있다. 분석 결과는 모든
각도에서의 스윙을 3차원으로 한눈에 보여준다. 스크린골프 업체
골프존에서도 스마트 스윙 분석기 스윙톡_{Swingtalk}을 선보였다. 센
서를 그립 끝에 장착하고 블루투스로 앱과 연결하면 된다. 어드레
스, 백스윙, 다운스윙, 임팩트 등 각 구간에서 스윙 궤적과 각도를
3차원으로 볼 수 있다. 드라이버, 아이언, 퍼터에 모두 사용할 수
있고 템포나 스피드를 음성으로도 알려준다. 주말 골퍼의 타수를
줄여주는 사물인터넷 제품이 되기를 기대해본다.

엠트레이서(왼쪽)와 스윙톡(오른쪽)

이제는 센서가 공 속으로도 들어간다. 아디다스의 마이코치 스마트볼Micoach Smart Ball은 2015년 CES에서 최고 혁신상과 세계 3대 디자인상인 레드 닷 디자인 어워드를 수상하였다. 이 공에는 3축 가속도 센서가 내장되어 있어 블루투스로 스마트폰과 연동되고 1시간 충전을 하면 2천 번의 킥을 할 수 있다. 다지인도 어디 하나 빠지지 않는다. 앱은 슛을 할 때 공의 속도, 스핀, 궤적, 타격 지점 등을 분석해준다.

스포츠 용품 회사인 아디다스는 발 빠르게 스포츠와 IT를

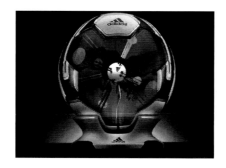

아디다스의 마이코치 스마트볼

접목하고 있다. 스마트밴드인 핏 스마트Fit Smart, GPS 워치 스마트 런Smart Run, 운동 동작을 기록하는 X-Cell 등을 출시했다. 웬만한 IT 회사보다 앞서간다. 비슷한 원리를 이용한 농구공도 등장했다. 인 포모션 스포츠 테크놀로지InfoMotion Sports Technologie의 94피프티94Fifty라 는 스마트 농구공에는 9개의 모션 센서가 들어있다. 드리블 속도 나 공의 회전수, 궤적의 각도 등을 분석하면서 게임을 하듯이 연 습을 할 수 있다. 스포츠용품 전문 회사인 윌슨도 스마트 농구공 윌슨X커넥티드 바스켓볼Wilson X Connected Basketball을 출시하면서 시장 진출을 선언했다. 공들도 점점 스마트해지고 있다.

웨어러블기기는 선수를 관리하고 경기의 전술을 세우는 데 도 이용된다. 2014년 독일 월드컵에서 독일이 우승을 하면서 SAP 의 매치 인사이트Match Insight라는 프로그램이 12번째 선수라는 평가 를 받았다. 선수들의 몸에 붙인 센서를 통해 호흡과 맥박, 순간 속 도 등의 데이터를 분석하고, 이를 바탕으로 도입한 과학적 훈련과 체계적 전술이 우승에 기여했다는 것이다. 축구뿐 아니라 농구, 자동차 경주, 요트 경기에 이르기까지 스포츠와 사물인터넷의 만 남이 빠르게 이루어지고 있다.

끝으로 레저 분야에 모션 센서를 적용한 아이디어 하나만 보도록 하자. 자전거 애호가들이 늘면서 자전거용 내비게이션이 등장했다. 그중 소셜 펀딩 킥스타터Kick Starter에서 목표 모금액의 두 배가 넘는 22만 달러를 모금한 비라인BeeLine이 눈길을 끈다. 자전 거를 타면서 스마트폰의 지도나 너무 많은 정보를 주는 화면은 보 기가 어렵다. 비라인은 화살표로 목적지의 방향만을 알려주는 단 순하고 직관적인 자전거용 내비게이션이다. 직경 3cm 정도의 비

비라인(왼쪽)과 스마트 헤일로(오른쪽)

라인에는 가속도계, 자이로 센서, 지자기 센서, 블루투스칩이 들어
있어 구글 맵스와 연동된다. 이 밖에 LED 램프로 방향을 알려주고
도난을 막아주는 스마트헤일로SmartHalo도 출시를 앞두고 있다. 지
금까지 움직임 센서가 스포츠 분야에 어떻게 적용되는지 살펴보
았다. 한 가지 센서만으로도 주변의 평범한 사물을 다시 태어나게
할 수 있다.

3장

스마트카 현실화를
위한 열쇠

스마트카를 향한
IT 기업의 도전

2015년 10월 21일, SF 영화 〈백 투 더 퓨처〉가 재개봉되었다. 개봉일은 영화 속에서 주인공 마티와 브라운 박사가 타임머신을 타고 도착한 미래의 그날이었다. 그곳에는 평면 TV가 벽에 걸려 있고 태블릿 PC와 스마트 글라스가 등장한다. 3D 영화를 보고 영상 통화를 하며 지문인식으로 문을 연다. 26년 전 영화 속 상상들이 지금의 IT 세상과 놀라울 만큼 흡사하다. 그해 8월, 렉서스 Lexus는 주인공이 타던 공중부양 스케이트보드인 호버보드 Hover Board를 선보였다. 자기부상열차처럼 초전도체를 이용하여 자석으로 만든 레일 위를 떠다니는 보드가 탄생한 것이다. 나이키 Nike는 몇 년의 연구 끝에 마티가 신었던 자동으로 끈을 묶어주는 운동화 나이키 맥 NIKE MAG을 출시했다. 이 신발은 현재 파킨슨병으로 투병 중인, 마티 역을 맡았던 마이클 J. 폭스에게 선물로 보내졌다. 파워 레이스 Power Lace라는 특허까지 얻은 이 제품은 경매를 통해서만 판매되고 수익금은 마이클 J. 폭스 재단에 기부되어 파킨슨병 치료

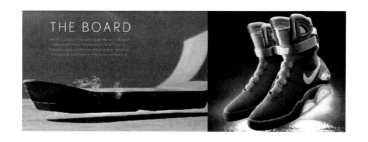

렉서스의 호버보드(왼쪽)와 나이키 맥(오른쪽)

를 위한 연구에 쓰인다고 한다.

이 영화에서 가장 기억에 남는 것은 과거와 미래로 시간여행을 할 때 탔던 타임머신 자동차 '드로리안De Lorean'일 것 같다. 드로리안 모터 컴퍼니DMC에서 만든 이 자동차는 1981년부터 1983년까지 8천583대가 생산되었다. 영화에 등장하면서 다시 주목을 받았지만 이미 회사는 파산한 뒤였다. 그 후 잊힌 드로리안이 10월 21일, '백 투 더 퓨처 데이'에 미국의 스탠포드대학교에 나타났다. 스탠포드대학교 연구진은 2만2천 달러에 드로리안을 구입해서 운전자가 없이 달리는 자율주행 전기 자동차로 개조하였다. 이 차는 주인공의 이름을 따서 마티Marty로 불리는데, 극한의 조건에서 무인차를 시험하는 프로젝트에 사용되었다. 스탠포드대학교 연구진은 2005년 DARPA가 주최한 무인 자동차 경주 대회에서 우승을 차지할 정도로 막강한 실력을 자랑한다.

당시 팀을 이끈 세바스찬 스런Sebastian Thrun 교수는 이후 구글에 영입되어 자율주행 자동차인 구글카Google Car를 개발하게 된다. 2009년 구글카가 무인 운행에 성공하면서 IT 기업은 물론 자동차

1981년에 생산된 드로리안(왼쪽)과 2015년에 생산된 테슬라 모델X(오른쪽)

업계까지 '바퀴 달린 스마트폰'이라는 스마트카에 주목하기 시작하였다. 2014년에는 아예 운전대와 페달이 없는 자율주행 자동차를 공개하기도 하였다. 구글은 차량용 운영체계인 안드로이드 오토Android Auto를 기반으로 구글 맵스와 인공지능 기술을 이용하여 지금까지 320만km의 시험주행을 진행했다. 미국 정부도 자율주행 자동차에 대한 규제를 완화하는 분위기이고 이미 6개 주에서는 관련 법안이 통과되었다. 구글은 아직까지 자동차 생산에는 관심이 없어 보이지만 자율주행 이후의 새로운 비즈니스 기회를 먼저 본 것 같다.

영화 속 모습이 현실이 되다

영화 〈아이언맨〉의 모델이 된 테슬라의 CEO 엘론 머스크Elon Musk는 전기 자동차 시장에 돌풍을 일으키고 있다. 2008년 첫 번째 전기 자동차인 2인승 스포츠카 로드스터를 출시한 후 2012년에는 럭셔리 세단 '모델S'를 내놓았다. 모델S는 7만 달러가 넘는 고가임에도 불구하고 2015년 판매량이 2만 대를 넘어서면서 닛산

Nissan의 전기 자동차 리프Leaf를 제치고 줄곧 1위를 차지하고 있다. 다음 해에는 미국 럭셔리 세단 시장에서 벤츠Mercedez Benz의 S클래스와 BMW의 7시리즈까지 누르고 선두를 차지하는 기염을 토했다. '자동차 업계의 애플'로 불리는 테슬라는 경제 전문지『포브스』가 선정한 '세계 100대 혁신기업The World's Most Innovative Companies' 중 1위에 오르기도 했다.

테슬라는 자사가 보유한 특허를 모두 무료로 공개하며 전기 자동차의 생태계를 키우는 통 큰 결정을 내렸다. 그 뒤 한 번 충전으로 413km를 달리는 SUV 전기 자동차인 '모델X'를 공개하면서 차근차근 라인업을 갖추고 있다. 이 차는 갈매기 날개처럼 생긴 걸윙 도어Gull Wing Door가 34년 전 드로리안을 많이 닮았다. 엘론 머스크는 "사람이 하는 운전은 위험하기 때문에, 미래에는 불법이 될 수도 있다"며 자율주행 시스템인 오토파일럿Autopilot까지 출시하였다. 전기 자동차를 넘어 스마트카로의 진입을 선언한 것이다.

2015년에 창업한 지 2년밖에 되지 않은 스타트업이 업계를 떠들썩하게 했다. 캘리포니아의 전기 자동차 회사인 파라데이 퓨처Faraday Future가 그 주인공이다. 당시 CEO가 누구인지, 어디에서 투자를 받았는지 알려진 것이 전혀 없었다. 베일에 싸여 있는 미스터리 기업이었다. 이들은 2017년에 테슬라를 능가하는 전기 자동차를 출시하겠다고 선언했다. 테슬라가 첫 상용 모델인 로드스터를 개발하는 데 5년이 걸렸고, 경쟁력을 갖춘 모델S를 개발하기까지 다시 4년이 필요했던 것을 감안하면 무모해 보이기까지 하다. 파라데이 퓨처는 미국 네바다주에 설립 예정인 공장에 10억 달러를 투자하기로 결정하였다. 게다가 보도자료를 통해 "이번 시설

파라데이 퓨처의 콘셉트카

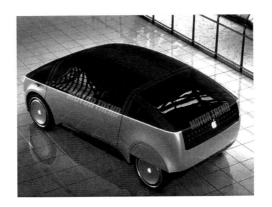

애플카의 콘셉트 디자인

유치는 앞으로 이루어질 투자 계획의 첫 단추에 불과하다"고 발표
했다. 신생 벤처기업의 행보라고 보기에는 이상한 점이 한둘이 아
니다.

그러다 보니 여기저기서 억측이 난무했다. 가장 유력한 것
은 애플이 다른 회사를 통해 전기 자동차를 만들고 있을 거라는
'애플 배후설'이었다. 언론은 그 근거로 이 회사의 멤버들이 애플
카Apple Car 프로젝트를 위해 테슬라, BMW, GM에서 영입한 인력들
로 구성되었다는 점을 들었다. 또 다른 추측은 중국의 넷플릭스

Netflix로 불리는 동영상 서비스 회사 르티비樂視, LeTV가 설립하였다는 '중국 자본설'이었다. 79억 달러의 재산가인 르티비의 설립자 지아 유에팅賈跃亭 회장은 전기 자동차 시장 진출을 시사하면서 10억 달러의 투자 계획을 언급한 적이 있기 때문이다. 결국 2016년 CES에서 파라데이 퓨처의 콘셉트카가 공개되면서 중국 기업으로 밝혀졌다.

새로운 격전지, 무인 자동차 시장

2015년 12월, 경제 전문지 『비즈니스 인사이더』가 무인 자동차 시장을 주도할 5대 기업에 대해 보도하였다. 완성차 업계에서는 볼보Volvo와 다임러 벤츠 2곳, IT 업계에서는 구글, 애플, 테슬라 3곳이 뽑혔다. 애플은 아직 자율주행 자동차를 발표한 적도 없고 소문만 무성할 뿐인데도 상위 5개 기업에 들었다. 무슨 근거로 선정되었는지 소문이라도 한번 파헤쳐보자. 최근 애플은 "몇 년 안에 자동차 업계는 그간 경험하지 못한 거대한 충격에 휩싸일 것이다"라고 말했다. 한 국가의 외환보유고 수준인 2천억 달러의 현금과 최고의 IT 기술을 가지고 있는 애플이 자동차 분야의 인재를 블랙홀과 같이 빨아들이는 것을 보면 빈말은 아닌 것 같다. 이미 600명 규모의 차세대 자동차 프로젝트인 타이탄Titan을 수행하는 것이 알려졌고 곧 인력을 3배로 늘린다는 소식도 있다.

이런 소문들에 대해 영국의 통신사 『텔레그래프』가 정리한 내용이 있어 간단히 소개한다. 애플카의 출시 시기는 2019년이고 약 5만5천 달러 정도의 반半자율주행 전기차로 예상된다. 차량용 OS인 카플레이를 기반으로 음성인식 비서 시리와 대화를 나눌 수 있고, 목적지를 알아서 찾아가는 똑똑한 자동차가 될 것 같다. 한 번 충전으로 450km 주행이 가능한 배터리를 만들었다는 외신도 있다. 450km면 서울에서 부산에 이르는 거리이다. 애플의 CEO 팀 쿡이 "소프트웨어는 미래 자동차의 중요한 요소이며, 자율주행 기술도 훨씬 더 중요해진다. 자동차 산업에 거대한 변화가 올 것이다"라고 말한 걸로 봐서는 스마트카가 최종 목적지인 것으로 보인다. 얼마 전 애플은 미국 도로교통안전국NHTSA에 자율주행 자동차 개발에 대한 서한을 발송해 이런 추측에 신빙성을 더했다.

이제 실리콘 밸리는 더 이상 IT 밸리가 아니다. 포드Ford의 고위 임원은 "지난 100년 동안 자동차가 기계공학 산업이었다면 이젠 소프트웨어 산업으로, 그리고 그 메카인 실리콘 밸리로 이동하고 있다"고 말한다. 실리콘 밸리의 IT 기업이 자동차 산업에 도전장을 던졌다.

IT 기업과 자동차 업계의 한판 대결

『이코노미스트』가 '우리 시대의 에디슨The Edison of Our Age'이라고 칭송한 천재 과학자가 있었다. 전기 자동차에 사용되는 수소 배터리와 태양광 패널을 발명하고 400개가 넘는 특허를 만들어낸 스탠포드 오브신스키Stanford Ovshinsky가 그 주인공이다. 대학 교육도 받지 않고 독학으로 이루어낸 그의 업적에 대한 찬사는 여기서 그치지 않는다. 『타임』지는 환경 문제를 해결할 대체에너지 연구에 평생을 바친 그에게 '지구의 영웅Hero for The Planet'이란 호칭을 붙여주었다. 미시건대학교를 비롯한 7개 대학교는 고졸 발명가인 오브신스키에게 명예박사 학위를 수여하였고, 미국 물리학회는 그를 최고의 영예인 펠로우Fellow로 추대하였다.

당시 대기오염으로 골머리를 앓던 캘리포니아 주정부는 '배기가스 제로법'을 만들어 자동차 회사에 일정량의 무공해 자동차를 의무적으로 판매하도록 압력을 가하고 있었다. 이에 GM은 오브신스키의 배터리를 탑재하여 1996년 최초로 상용 전기 자동차인 EV1을 양산하기 시작하였다. EV1은 한 번 충전으로 160km를 주행할 수 있고, 최고 속도는 130km/h로 지금의 전기 자동차와 비교해도 손색이 없다. 1999년까지 1천 대 가량을 만들어 리스 형태로 판매를 하였는데 GM 스스로도 놀랄 만큼 고객들의 반응이 뜨거웠다.

누가 전기 자동차를 죽였나?

그런데 예약자가 줄을 잇고 EV1의 인기가 올라가면서 일이 꼬이기 시작한다. 전기 자동차의 등장에 위협을 느낀 자동차 회사와 석유 회사가 끈질기게 정부에 로비를 했다. 결국 배기가스 제로법은 2003년에 폐기되었다. 기회를 노리던 GM은 오브신스키의 회사를 인수하여 석유 회사에 팔아넘긴 뒤 EV1과 관련된 직원들을 해고하고 공장을 폐쇄하였다. 판매했던 자동차는 모두 회수하여 사막 한가운데 흔적도 없이 묻어버렸다. 전기 자동차의 역사가 거꾸로 흘러가는 순간이었다.

2006년 개봉한 다큐멘터리 영화 〈누가 전기 자동차를 죽였나?〉는 EV1을 둘러싼 자동차 회사와 석유 회사의 음모를 낱낱이 고발한다. 크리스 페인 감독은 해고된 직원들, 오브신스키, 실제로 EV1을 타던 할리우드 스타 톰 행크스와 멜 깁슨의 증언을 토대로 의혹을 하나하나 추적해나간다. 기득권을 지키기 위해 전기 자동차를 없애버린

영화 〈누가 전기 자동차를 죽였나?〉 포스터

자동차 회사와 석유 회사, 그리고 법률 폐지에 앞장선 연방정부를
모두 유죄로 판정하고 영화는 막을 내린다.

미국 자동차 회사의 변신

그 뒤 GM은 2004년부터 적자에 허덕이다가 결국에는 2009
년 6월 뉴욕 법원에 파산보호를 신청했다. 495억 달러(약 58조 원)
에 이르는 정부의 구제금융을 받고 혹독한 구조조정을 거쳐 5년
만에 회생하였다. 시장에서는 이미 배터리를 장착한 닛산의 리프
와 테슬라의 전기 자동차가 떠오르고 있었다. GM도 2013년 스파
크 EV를 내놓으며 다시 전기 자동차 시장에 뛰어들었다. 스파크
EV는 1회 충전 주행거리가 128km이고 최고 속도는 145km/h로
10년 전에 묻어버린 EV1과 큰 차이가 없었다. 최근에는 2017년 시
판을 목표로 하는 주행거리 320km의 전기 자동차 볼트를 발표
하여 주목을 받았다. 이 차에는 구동모터와 충전기 등 LG에서 만
든 11가지 핵심 부품이 들어간다고 하니 기대가 크다. GM은 2012

자율주행 자동차

년부터 자율주행 기술인 슈퍼 크루즈Super Cruise도 준비해왔다. 내년에 출시되는 캐딜락 모델에 탑재해 차선 이탈 경보나 충돌 방지와 같이 운전을 보조하는 기능을 선보일 예정이다.

포드자동차는 45억 달러(약 5조3천억 원)을 투자해 2020년까지 전기 자동차 비중을 현재의 13%에서 40%로 올릴 계획이다. 한 걸음 더 나아가 스마트카 시대를 대비하는 새로운 서비스도 시도 중이다. 스마트 모빌리티Smart Mobility로 불리는 이 계획에는 카셰어링과 같은 주문형 운전, 자동차의 빅데이터 분석, 공유 전기차를 위한 충전 서비스 등 25개 프로젝트가 포함되어 있다. 앞으로 무인 자동차가 늘어나고 우버와 같은 차량 공유 서비스가 대중화되면 굳이 차를 살 필요가 없어질지도 모른다. 바클레이스Barclays는 「파괴적 이동성Disruptive Mobility」이라는 보고서에서 무인 자동차의 보급으로 향후 25년 내 미국에서의 자동차 판매량이 40% 줄어들 것이라고 예측했다. 포드는 이런 시나리오까지 대비하고 있는 것이다. 자동차 제조사를 넘어 이동을 위한 모든 서비스를 제공하는 모빌리티 컴퍼니Mobility Company로의 변신을 꾀하고 있다.

스마트로 무장한 독일의 명차

스마트카에 대한 유럽의 대응은 더욱 적극적이다. 메르세데스 벤츠의 모회사인 다임러 산하에는 프라이트라이너Freightliner라는 트럭 회사가 있다. 2015년에 이곳에서 만든 대형 트럭 인스퍼레이션Inspiration이 최초로 상용차 운전면허를 발급받아 화제가 되었다. 이 차에는 250m까지 내다보는 레이더와 원거리의 물체를 식별하는 입체 카메라 등 다양한 센서가 장착되어 있다. 다임러의 자율주행 시스템인 하이웨이 파일럿Highway Pilot은 센서 신호로 주변 상황을 파악하고 스스로 운전해 도로를 달린다. 벤츠는 2015년 CES에서 콘셉트카 'F015 럭셔리 인 모션Luxury in Motion'을 발표하며 스마트카의 진수를 보여주었다. 자율주행은 기본이고 무공해 수소연료 배터리를 사용하며 최고 200km/h의 속도를 낸다. 인터넷과 GPS로 연결되어 앱으로 부르면 주인이 있는 곳으로 다가와 문을 열어준다. 손짓만으로 오디오의 볼륨을 조절하고 차 안의 온도를 조절할 수도 있다. 스마트카의 조건인 지능Intelligence, 친환경Environment, 연결성Connectivity을 모두 갖추었다. 자동차가 단순 이동 수단을 넘어 움직이는 생활공간으로 진화하고 있다.

인스퍼레이션 트럭(왼쪽)과 콘셉트카 F015(오른쪽)

시장조사 기관 네비건트 리서치는 세계 18개 주요 자동차 업체의 자율주행 경쟁력을 기술, 전략 등 12개 항목으로 나누어 비교한 적이 있다. 그 결과 다임러가 1위, 아우디Audi가 2위, BMW가 3위를 차지하여 미국과 일본을 제치고 독일이 압도적인 우세를 보였다. 아우디의 자체 자율주행 기술인 파일럿 드라이빙Pilot Driving은 다양한 실제 환경에서 테스트를 진행하고 있다. 2009년에는 자율주행 최고 속도 210km/h를 돌파하였고, 다음 해에는 해발 4천300m의 로키산맥의 산길에서 20km를 완주하기도 했다. 2015년에는 CES가 열리는 동안 아우디 A7이 실리콘 밸리에서 라스베이거스까지 900km를 자율주행으로 달려 화제를 모았다.

BMW는 2015년 CES에서 스마트워치로 무인 자동차를 부르고 무인차가 스스로 빈자리를 찾아 자동으로 주차를 하는 시연으로 인기를 끌었다. BMW는 이미 2007년부터 무인 자동차 연구를 시작하여 2012년에는 아우토반에서 고속도로 주행에 성공한 기술력을 가지고 있다. 최근 전기 자동차 i3에도 자율주행 기능을 탑재하여 시험운행을 하고 있지만, 시판 중인 자동차에 적용하는 것은 신중한 입장이다. BMW는 향후 모든 차종에 전기 자동차 모델을 내놓겠다며 2015년에만 5조 원의 개발비를 투자하는 등 전기 자동차에 무게를 두는 분위기다. 독일 정부는 전기 자동차와 무인 자동차 산업을 국가적인 어젠다로 보고 있다. 이미 관련 법 제정을 시작했고 베를린과 뮌헨을 잇는 A9 아우토반 구간에서 무인 자동차 운행을 허가하는 등 발 빠른 지원에 나섰다.

일본 자동차 산업의 저력

일본 정부와 자동차 업계도 반격을 시작하였다. 일본의 자동차 산업은 제조업 생산의 18%, 수출의 20%를 차지하는 일본 경제의 축이다. 정부도 '차세대 자동차 전략' '환경 대응 자동차 보급 전략' 등의 정책을 추진하며 기업을 독려하고 있다. 아베 총리는 "2020년 도쿄 올림픽 때 자율주행에 의한 이동 서비스와 고속도로에서의 자율운전이 가능하도록 하겠다"라고 공언했다. 이에 맞취 도요타, 혼다, 닛산 등 자동차 업체는 자율주행, 센서, 소프트웨어 등을 공동으로 개발하며 박차를 가하고 있다. 또한 2020년 상용화를 목표로, 2016년 2월부터 자율주행 택시인 '로봇 택시'의 시범 운행을 시작했다.

일본은 자동차 배터리 분야의 최강자이다. SNE리서치의 조사에 따르면 일본은 전 세계 전기 자동차 배터리 시장에서 1위부터 3위까지 모두 차지하며 점유율 71%를 기록한 바 있다(2015년 1월~7월). 미국의 GM과 테슬라도 파나소닉의 배터리를 사용하여 전기 자동차를 생산한다. 2015년에 파나소닉이 테슬라에 판매한 배터리만도 1억2천만 개가 넘는다. 배터리의 용량과 함께 또 하나 해결해야 할 것이 충전소 보급이다. 일본은 2015년 5월 급속 충전기 보급 대수가 5천400개를 넘어섰다. 미국과 유럽을 합친 것보다

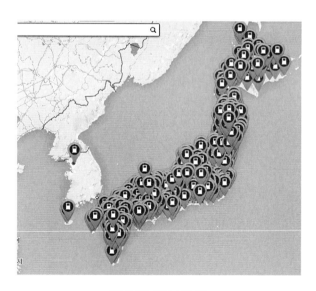

일본 내 급속 충전소 보급 현황

많다. 정부와 함께 자동차 업체도 일본 충전 서비스^{NCS}를 설립하여 인프라 확대에 나섰다. 스마트폰에서는 늦었지만 스마트카의 주도권을 잡으려는 자동차 왕국 일본의 반격이 만만치 않다.

스마트폰 시대가 저물면서 IT 기업들은 스마트카로 눈길을 돌렸다. 아우디의 회장 슈타트러의 말처럼 130년 자동차 산업 역사상 유례가 없는 변화가 일어나고 있다. 역사학자 아놀드 토인비 Arnold Toynbee는 "문명의 성장은 계속되는 도전에 성공적으로 응전함으로써 이루어진다"라고 했다. 자동차 업계의 대응을 보면서 이런 생각이 들었다. 스마트카의 성장은 IT 기업의 도전에 자동차 업계가 성공적으로 응전함으로써 이루어지는 것은 아닐까?

중국의 스마트카
굴기屈起

　　전기 자동차가 태풍의 눈으로 떠오르면서 물밑에서 진행되던 인력 쟁탈전과 인수합병이 표면화되고 있다. 테슬라의 CEO 엘론 머스크는 언론과의 인터뷰에서 애플의 인력 빼가기에 불편한 심기를 드러냈다. "애플은 우리가 해고한 사람만 채용한다"며 "애플은 테슬라의 무덤이다"라고까지 했다. 2015년 2월 전기 자동차 배터리 회사인 A123는 애플을 상대로 소송을 냈다. 애플이 이 회사의 CTO(최고기술책임자)인 무지브 리자즈와 핵심 인력들을 불법으로 스카우트했다며 매사추세츠 법원에 제소한 것이다. 5월에 두 회사가 합의함으로써 소송은 취하되었는데 합의 조건은 알려지지 않았다. A123는 매사추세츠공과대학교MIT에서 시작한 스타트업으로 오바마 정부가 적극적으로 지원한 전기 자동차 배터리 전문 업체이다. 전기 자동차 회사인 피스커Fisker와 GM 등에 납품을 하였으나 품질 문제와 경영난으로 2012년 파산 신청을 하였다.

레오나르도 디카프리오 차가 중국으로

우여곡절 끝에 중국의 자동차 부품 회사인 완샹萬向이 2억5천700만 달러에 A123을 인수하게 된다. 완샹은 2016년부터 미국 미시건주와 중국 항저우 등지에 3억 달러를 투자하여 공장을 증설하고 생산량을 2배로 늘리겠다고 발표하였다. 최근 시장조사 기관 네비건트 리서치가 발표한 전기 자동차용 배터리 기업 평가에서 A123는 중국의 비야디BYD에 이어 7위로 올라섰다. 완샹은 단번에 전기 자동차 사업의 유리한 고지를 점령한 셈이다.

2014년 완샹은 A123가 배터리를 납품하던 피스커까지 인수한다. 피스커는 BMW에서 디자이너로 명성을 날린 헨릭 피스커가 2007년 설립한 회사로, 플러그인 하이브리드(배터리와 엔진을 함께 사용하는 전기 자동차) 스포츠카인 카르마Karma를 출시하여 화제가 되었다. '가장 아름다운 슈퍼카'로 불리는 카르마는 레오나르도 디카프리오, 저스틴 비버, 엘 고어 등 유명인들의 차로 관심을 모았다. 피스커는 테슬라보다 먼저 주목을 받은 전기 자동차 회사였지만 자금난과 화재 사건, 태풍 피해 등 악재가 겹치면서 파산의 길로 들어서게 되었다. 완샹은 1억4천950만 달러를 들여 피스커

하이브리드 스포츠카 카르마

를 인수하면서 전기 자동차 분야의 글로벌기업으로 또 한 번 도약하였다.

　　중국 자동차 업체의 해외 기업 인수는 새삼스러운 일이 아니다. 2010년에는 설립한 지 12년 밖에 되지 않은 중국의 지리吉利 Geely 자동차가 83년 전통의 볼보를 18억 달러에 인수하였다. 당시 중국 언론은 "가난한 중국 시골 총각이 스웨덴 공주를 아내로 맞았다"라며 대서특필했다. 영국의『파이낸셜 타임스』는 "세계 자동차 산업의 중심이 중국으로 넘어갔다는 것을 상징하는 사건"으로 평하기도 했다. 지리의 창업주 리수푸李書福 회장은 거리의 사진사로 시작해서 냉장고 부품 업체와 오토바이 회사를 거쳐 1998년 자동차 산업에 뛰어들었다. 지리는 2020년까지 전기 자동차 비중을 90%까지 올리겠다는 야심 찬 계획을 발표하며 친환경 스마트카 시대를 준비하고 있다.

　　둥펑東風자동차는 2014년 프랑스 자동차의 자존심인 푸조-시트로엥PSA의 지분을 인수하였다. 푸조-시트로엥은 2008년 금융위기와 2012년 유럽 채무위기를 겪으며 자금난에 봉착하자 중국 파트너인 둥펑에게 손을 내밀었다. 국민 기업인 푸조-시트로엥이 외국으로 넘어가는 것에 대한 우려로 프랑스 정부와 푸조 가문 그리고 둥펑이 14%씩 지분을 나누는 것으로 결말이 났다. 최근 푸조-시트로엥은 파리와 보르도를 잇는 580km의 고속도로에서 자율주행을 성공하였고, 2020년까지 유럽과 중국 동시 출시를 목표로 둥펑과 전기차 공동 개발을 시작하였다. 우리나라 자동차 회사가 땅을 살 때 중국의 자동차 회사는 차에 투자를 하고 있었다.

IT 삼인방, 스마트카에 꽂히다

중국의 IT를 이끌어가는 바이두, 알리바바, 텐센트도 스마트카 시장에 출사표를 던졌다. 2015년 12월, 바이두가 베이징 시내 자율주행에 성공했다. BMW 3시리즈 모델에 센서와 카메라를 달아 개조한 자동차로 차선 변경, 추월, 앞차와의 간격 유지를 수행하며 최대 시속 100km로 주행하였다. 바이두는 북경에 딥러닝 연구소와 실리콘 밸리에 인공지능 연구소를 설립하고 이 분야 3대 대가 중 한 명인 스탠포드대학교의 교수 앤드류 응Andrew Ng을 영입하였다. 자율주행의 두뇌에 해당하는 인공지능 소프트웨어 바이두 오토브레인Baidu AutoBrain이 이곳에서 탄생하였다. 이로써 바이두는 자율운행 자동차의 핵심 기술인 물체인식, 머신러닝, 고정밀 3차원 지도Baidu Maps를 모두 가지게 되었다. 우선은 정해진 노선에서 운행하는 대중교통을 대상으로 적용하고 일반 차량으로 확대한다는 계획이다. 자율주행 자동차는 아직 해결해야 할 문제가 많아 이와 같이 단계적으로 접근하는 전략이 현명해 보인다.

중국의 최대 인터넷 기업인 마윈馬雲의 알리바바도 상하이

바이두의 자율주행 자동차

자동차와 손잡고 스마트카 시장 진출을 선언하였다. 둘은 10억 위안(약 1천800억 원) 규모의 펀드를 만들고 공동으로 스마트카 개발을 시작하였다. 알리바바는 운영체제인 윈Yun, 빅테이터, 클라우드, 전자 지도 등 IT 기술을 제공하고 상하이자동차는 전기 자동차와 하드웨어를 담당한다. 중국 최초의 스마트카를 출시하여 26조 시장을 선점하겠다는 전략이다. 최근 알리바바는 온라인 장터 T몰에서 자동차 판매를 추진하고, 전 세계 자동차 부품을 거래하는 알리치페이阿里汽配를 오픈하는 등 자동차 유통 시장까지 흔들 기세이다.

마화텅馬化騰 회장의 텐센트는 인터넷과 자동차를 연계하는 커넥티드카Connected Car를 포드와 공동으로 개발한다고 발표하였다. 6억 명이 사용하는 텐센트의 위챗을 기반으로, 음성인식 인터페이스와 같은 차량용 인포테인먼트 분야부터 협력을 시작했다. 2014년에는 지도 서비스 업체인 나브인포Navinfo에 1억8천700억 달러를 투자하고, 인터넷으로 차량과 도로 정보를 알려주는 '루바오박스'라는 하드웨어를 출시하며 스마트카 시장에 발을 들여놓았다. 2016년에는 애플의 아이폰을 생산하는 폭스콘Foxconn과 스마트카 개발 협약을 체결하면서 본격적으로 스마트카 시대를 준비하고 있다.

스마트카 군웅할거 시대

BAT의 뒤를 이어 무섭게 성장하는 '중국판 유튜브' 러스왕樂視網의 행보도 심상치 않다. 『비즈니스 인사이더』는 미스터리 기업 파라데이 퓨처가 미국 네바다주에 10억 달러를 투자해 전기 자동

파라데이 퓨처 공장의 조감도

차 공장을 설립한다는 소식을 전했다. 파라데이 퓨처는 2015년 말부터 공장을 짓기 시작해, 2017년에 테슬라의 모델S(85kWh)보다 성능이 좋은 럭셔리 세단 전기 자동차(98kWh)를 생산하겠다는 계획을 발표하였다. 자동차 업계에서는 불가능한 일이라고 말하고 있는데, 이 야심 찬 도전 뒤에는 억만장자인 러스왕의 회장 지아유에팅 있다고 한다. 러스왕은 상하이자동차에서 부사장을 지낸 딩레이를 영입하여 자동차 사업부를 신설했다. 현재는 첫 번째 전기차인 뮬카Mule Car의 공정을 시험 중인 것으로 알려져 있다. 최근에는 영화 '007 시리즈'의 '본드 카'로 유명한 영국의 자동차 회사 애스턴 마틴Aston Martin과 파트너십을 체결하고 스마트카 개발에 박차를 가하고 있다. 이 모든 것이 러스왕이 2014년 12월 전기 자동차 시장 진출을 선언하고 불과 1년 사이에 일어난 일이다.

비야디는 1995년 배터리 회사에서 출발하여 매출 10조 원이 넘는 중국의 대표적인 전기 자동차 기업으로 성장하였다. 비야디는 2015년도에 6만1천722대의 친환경차를 판매해 전기 자동차 판매 세계 1위를 달성했다. 투자은행 골드만삭스는 "비야디의 전기차 판매는 2020년까지 매년 평균 57%씩 증가할 것"이라고 전망하였다. '당신의 꿈을 이루어드립니다Build Your Dream'라는 메시지를 회사 이름에 담은 비야디는 미국의 전설적인 투자자 워런 버핏이 지분에 투자하면서 더욱 유명해졌다. 비야디는 경제전문지『포춘』이 선정한 '2015년 세상을 바꾼 혁신기업 50'에 15위로 이름을 올리기도 했다. '중국의 테슬라'로 불리는 비야디의 회장 왕촨푸王傳福는 오늘도 친환경 자동차로 세계를 제패할 꿈을 꾸고 있다.

이 밖에도 중국의 대표 IT 기업인 화웨이, 애플의 아이폰을 생산하는 폭스콘, 초고속 성장을 이룬 샤오미도 스마트카 시장 진출을 노리고 있다. 중국의 '스마트카 굴기'가 이미 시작된 것이 아닐까 생각해본다. 글로벌 5위인 우리의 자동차 산업이 다시 한 번 변화와 혁신의 전환기를 맞고 있다.

**커넥티드카,
스마트카 대전의 서막**

    1966년, 미국의 한 자동차 회사에서 신기한 차를 만들었다. 목적지를 설정하면 길을 안내해주고 전방의 교통 상황도 알려주며 긴급 상황이 발생하면 자동으로 서비스 센터에 연락까지 해주는 자동차다. 지금처럼 GPS도 인터넷도 없던 시절이라 당시에는 꿈같은 이야기로 들렸을 것이다. 간단히 소개하면 이렇다.

    50년 전 GM에서 DAIR^{Driver Aid, Information & Routing}이라는 운전 보조 시스템을 장착한 자동차 두 대를 개발하였다. 종이에 구멍을

GM의 DAIR

뚫은 천공카드Punch Card를 사용하여 목적지를 설정하고, 도로에 설치된 마그네틱 센서와 중계기로 교신하는 방식이었다. 당시 미국 전역에 인프라를 구축하는 데 어려움이 있어 상용화되지는 못했지만, 지금의 스마트카나 지능형 교통 시스템의 원조라고 봐도 좋을 것 같다. DAIR이 세상에 나와 빛을 보기까지는 그로부터 30년이 더 걸렸다.

IT, 자동차를 연결하다

1996년 시카고 모터쇼에서 GM은 최초의 텔레매틱스Telematics, 자동차와 통신을 결합한 서비스인 온스타Onstar를 내놓았다. 다음 해 캐딜락에 장착되어 출시된 온스타는 위성과 이동전화를 이용해 내비게이션, 원격진단, 차량 추적과 같은 서비스를 제공했다. 처음 1년은 무료로 사용하고 이후에는 연간 199달러에서 499달러의 이용료를 지불하는 방식이었다. 이런 형태의 비즈니스 모델은 당시로는 대단히 혁신적인 것이었다. 자동차를 판매한 이후에도 수익을 내는 애프터 마켓After Market 시장의 가능성을 보여준 시도였다. 뒤를 이어 포드의 윙캐스트Wingcast, 벤츠의 텔레에이드TeleAid, 볼보의 와이어리스카WirelessCar와 같은 서비스가 나오면서 텔레매틱스는 자동차 산업의 한 축으로 성장하게 되었다.

텔레매틱스는 스마트기기와 연결되면서 실시간으로 맞춤 정보를 제공하는 인포테인먼트 단계까지 발전했다. 최근에는 인포테인먼트를 넘어 차량용 OS로 영역을 확대 중이다. IT 기술을 바탕으로 자동차가 외부와 연결되어 차량과 차량, 차량과 도로, 차량과 보행자가 서로 정보를 주고받는 커넥티드카로 진화하고 있다. 최종 목표는 인공지능을 더해 스스로 건널목에서 정차하고 차선을 바꾸며 목적지를 찾아가는 자율주행 자동차이다. 시장조사 기관들은 커넥티드카 시장이 연평균 29%씩 증가하여 2020년에는 1천600억 달러에 이를 것으로 전망하였다.

커넥티드카 OS를 장악하라

스마트폰의 OS를 장악한 IT 기업들이 커넥티드카 시장까지 넘보기 시작했다. 애플이 먼저 포문을 열었다. 2013년 애플의 연례 개발자 회의에서 차량용 OS인 iOS 인더카iOS in the Car를 발표하였다. IT 전시회에도 참석하지 않던 애플이 2014년 3월 제네바 모터쇼에서 iOS 인더카를 업그레이드한 카플레이를 선보였다. 아이폰의 화면을 그대로 자동차 디스플레이로 옮기는 미러링Mirroring 기술로 전화, 음악, 지도, 메시지 서비스를 스마트폰처럼 차에서 쓸 수 있게 했다. 애플의 음성인식 비서인 시리가 메시지를 읽어주고 말로 하면 문자도 보내준다. 핸즈프리Hands-Free를 넘어 운전에 방해를 주지 않는 아이즈프리Eyes-Free 시대를 열어가고 있다.

구글도 뒤질세라 2014년 안드로이드 OS를 자동차에 적용하기 위한 동맹을 결성하였다. OAAOpen Automotive Alliance로 불리는 커넥티드카 연합에는 GM, 아우디, 폭스바겐Volkswagen 등 글로벌 자동차 회사와 LG, 파나소닉, 엔비디아NVIDIA 등 IT 기업이 참여하였다. 구글은 6월에 차량용 OS인 안드로이드 오토를 발표하면서 애플의 카플레이에 맞불을 놓았다. 구글은 안드로이드 오토를 플랫폼으로, 스마트폰의 생태계를 스마트카로 넓히려고 한다. 시장조사업체 HIS는 2020년 전체 커넥티드카 중 안드로이드 오토의 장착

자동차용 OS

비율을 36.5%, 카플레이 장착 비율을 43.5%로 예상하였다. 이 두 곳의 점유율을 합치면 80%에 이른다. 기존 자동차 회사에게는 우울한 시나리오가 아닐 수 없다.

거기에 PC 시대에 OS계를 평정했던 마이크로소프트까지 뛰어들었다. 2014년 4월 차량용 OS 윈도 인더카Windows in the Car를 발표하며 모바일 시대의 부진을 만회하기 위해 절치부심으로 노력하고 있다. 마이크로소프트는 이미 10여 년 전부터 완성차 업체에 자동차용 운영체제인 윈도 CE를 공급해온 이력이 있어 낯선 분야는 아니다. 윈도 인더카에는 마이크로소프트의 인공지능 시스템인 코타나가 장착되어 있어 구글 나우, 애플 시리와 한판 승부가 예상된다. 2014년 3월에서 6월 사이에 애플, 구글, 마이크로소프트 모두 차량용 OS를 내놓을 만큼 커넥티드카 시장은 이미 뜨거워졌다.

자동차 업체는 IT 기업의 OS에 종속되지 않기 위해 경쟁사와의 협력도 마다하지 않는다. 최근 북미 시장 1, 2위인 도요타와

포드가 손을 잡고 자체 플랫폼 확보에 나섰다. 포드의 OS에 기반한 인포테인먼트 시스템인 앱링크AppLink를 개방형 플랫폼으로 만들기로 한 것이다. BMW가 주도한 글로벌 연합체 제니비 얼라이언스GENIVI Alliance에서도 160여 개 회원사가 모여 무료로 사용할 수 있는 스마트카 플랫폼을 만들고 있다. 아직은 자동차의 전체 시스템을 장악하고 있는 자동차 회사 쪽이 유리하지만 마음을 놓을 수 없는 상황이다. 이 싸움의 끝은 단순히 자동차에 OS를 심는 것에서 그치지 않을 것 같다. 커넥티드카가 전기 자동차, 자율주행차와 합쳐지면서 운전의 형태, 차의 소유 방식, 운전면허 제도, 관련 보험, 교통체계에 이르는 사회 전반의 변화가 예상되기 때문이다.

확대되는 전선戰線

커넥티드카의 OS에서 시작된 싸움은 점차 그 전선이 확대되고 있다. 자동차 시장으로 스마트화의 물결이 몰려오면서 IT와의 경계도 모호해지는 추세다. 전자 부품이 자동차의 제조원가에서 차지하는 비중은 2010년에 30% 정도였는데 2020년에는 그 비중이 50%에 달할 것이라고 한다. 배터리와 모터로 움직이는 전기

테슬라 모델S의 엔진룸(왼쪽)과 대시보드(오른쪽)

차에서 엔진과 트랜스미션과 같은 기계 장치가 없어지면 그 비중은 더욱 커질 것이다. 전기차의 경우에는 배터리만 해도 자동차 원가의 40~50%에 이른다. 남는 것은 바퀴뿐이라는 우스갯소리까지 나올 정도다. 이미 테슬라의 전기 자동차 모델S의 엔진룸은 텅텅 비어 있어 앞 트렁크로 사용된다. 운전석 대시보드의 버튼들도 사라지고 17인치 터치스크린이 그 자리를 차지하였다.

이처럼 자동차 산업의 진입장벽이 낮아지자, 스마트폰 이후를 고민하던 IT 기업들이 새로운 성장 동력으로 스마트카를 선택하게 되었다. 현대경제연구소의 보고서 「자동차산업 핵심경쟁력의 중심이동」에서는 자동차의 경쟁력이 기계 부품의 제작과 조립에서 IT 제조와 소프트웨어로 옮겨간다고 말한다. 자동차의 전자화에 따라 엔진차 관련 부품의 비중이 줄어듦으로써 센서, 통신, 소프트웨어와 같은 IT 부품을 공급하는 기업이 부상한다는 것이다. 전기차의 확대는 정유 업체의 사업모델에도 영향을 미치게 된다. 이미 정유사, 전력 회사, 완성차 업체들은 전기차의 충전 인프라 시장을 선점하기 위해 경쟁과 협력을 시작하였다. 보고서는 이와 같은 변화가 자동차 산업의 가치사슬Value Chain을 변화시키고 산업의 구조까지 재편할 것이라고 예측한다.

앞서 언급했듯이, 현대 경영학의 대가 마이클 포터 교수는 제3의 IT 변혁은 산업의 구조와 경쟁의 본질까지 바꾼다고 했다. 커넥티드카에서 시작된 전선이 어디까지 확대될지 예측조차 하기 어렵다. 이런 상황에서 아직 변변한 OS 하나 없이 글로벌 공룡들과 스마트카 전쟁을 치러야 하는 우리 기업들의 앞날을 걱정하는 소리가 여기저기서 들려온다.

자율주행차의 성공을 위한 조건

자율주행차 시장을 선점하기 위한 경쟁이 뜨겁다. 글로벌 IT 기업과 기존 자동차 업체는 자율주행차 상용화 시기를 2020년 전후로 두고 있다. 이에 맞춰 연구개발의 속도를 높이고 있다. 미국, EU, 중국, 일본 등 각국 정부도 관련 법규를 제정하고 인프라를 구축하는 등 전방위적 지원에 나섰다. 우리나라 국토교통부도 지난 5월 미래창조과학부, 산업통상자원부와 함께 자율주행차 상용화를 위한 지원 방안을 발표하며 힘을 실어주었다. 2018년 평창 동계올림픽 기간에 자율주행차 100대를 시범 운행하고, 2019년에는 무인주행 테스트를 할 수 있는 소규모 실험도시도 구축할 계획이다. 2020년 상용화를 목표로 보험, 검사, 리콜 등 관련 제도도 검토 중이다. 이미 고급 차종을 위주로 고속도로 주행 보조, 자동주차, 충돌 방지 등의 기술이 일부 적용되고 있다.

미국의 시장조사 업체인 네비건트 리서치는 자율주행차 시장이 2015년 5조8천억 원에서 연평균 56%의 고속 성장을 이어가 2035년에는 743조 원에 이르는 거대한 시장을 형성할 것으로 예측하였다. 그때는 완전 자율주행 기능을 탑재한 신차의 비중이 75%로 1억 대에 육박하고, 부분 자율주행차의 비중은 90%를 넘어설 전망이다. 자율주행차는 미래의 성장 동력으로 경제적인 의미도 크지만, 운전자의 부주의나 과실로 인한 교통사고를 획기적으로 줄여줌으로써 생명을 구하는 도구가 될 수 있다. 해마다 교통사고로 130만 명이 아까운 목숨을 잃고 5천만 명이 부상을 당한다. 이로 인한 사회적 비용만 해도 연간 5조6천억 달러에 이른다. 한화로 치면 약 6천500조 원이 넘는다.

미국 노트르담대학교의 철학과 교수 돈 하워드는 『월스트리트저널』 기고문에서 "교통사고로 인한 피해가 인간에게 질병이라면, 그 치료제는 자율주행 자동차다. 그리고 그 가능성은 이미 현실이 되었다"라며 자율주행 자동차의 적극적인 도입을 촉구하였다. 미국의 경우, 자율주행차의 보급률이 90%가 되면 연간 교통사고 사망자 수가 3만2천400명에서 1만1천300명으로 65%가 줄어들고 사회적 비용도 4천500억 달러가 절감된다는 조사 결과가 나왔다. 하워드 교수는 4천만 명의 맹인과 10억 명의 장애인, 노인과 어린이와 같은 교통 약자들이 값싸고 편리하게 이동할 수 있도록 자율주행차를 하루빨리 보급해야 한다고 강조한다. 이뿐만 아니라 도로 사용 효율이 높아져 지금보다 도로가 3배 가량 넓어지는 효과도 있다. 출퇴근 시간에는 꽉 막힌 길에서 운전을 하는 대신 SNS로 친구들과 수다를 떨 수도 있다.

이런 장밋빛 시나리오와 함께 여러 가지 우려의 목소리도 있지만 자율주행차는 이미 거스를 수 없는 글로벌 트렌드로 자리

매김했다. 그렇다면 이미 다가온 미래를 대비하기 위해 해결해야
할 몇 가지 이슈를 짚어보자.

자율주행차의 윤리적 딜레마

살다 보면 이러지도 저러지도 못하는 진퇴양난의 상황에
빠질 때가 있는데 자율주행차도 이런 딜레마에 빠질 수 있다는 소
식이 있다. 2015년 MIT 발간 과학저널 『MIT 테크놀로지 리뷰』에
서 소개한 논문 중 한 편이 관심을 모았다. 「왜 자율주행 자동차
는 사람을 죽이도록 프로그래밍되어야 하나?Why Self-Driving Cars Must Be
Programmed to Kill」라는 다소 섬뜩한 제목의 논문이다.

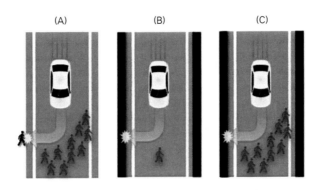

무인자동차의 딜레마를 보여주는 가상의 상황

논문에서는 혼자 자율주행차를 타고 갈 때 사고를 피할 수
없는 세 가지 상황에 대한 질문을 던진다. 위의 그림을 살펴보자.
첫 번째는 그림 (A)와 같이 달리는 차 앞에 갑자기 사람들이 나타

났을 때이다. 직진을 하면 여러 명의 목숨이 위험하고 방향을 틀면 지나가는 행인 한 사람이 사망하게 된다. 대부분의 응답자들은 피해를 최소화하는 쪽으로 결정을 했다. 두 번째 상황 (B)는 한 사람의 보행자가 나타났는데 방향을 바꾸면 보행자는 살지만 탑승자가 사망하게 된다. 그대로 달리면 보행자가 죽지만 탑승자는 무사하다. 어떤 선택을 해도 피해자는 한 명이라 탑승자의 목숨을 살리는 쪽으로 의견이 모아졌다. 세 번째인 (C)의 경우는 10명의 보행자가 나타났고 핸들을 돌리면 탑승자가 죽는 상황이다. 한 명의 탑승자를 살리는 것이 옳은가 10명의 보행자를 살리는 것이 옳은가? 어떤 경우든 인명 피해를 최소화하도록 프로그래밍하는 것이 최선일까? 그렇다면 행인을 보호하기 위해 탑승자를 희생하도록 프로그래밍된 차를 소비자들이 살까? 쉽게 답하기 어려운 질문이지만 자율주행차가 도로로 나오기 전에 해법을 찾아야 한다. 사람의 목숨이 걸려 있는 도덕적, 윤리적 선택의 문제를 기계가 임의로 결정하게 둘 수는 없지 않은가.

구글의 회장 에릭 슈미트는 "다양한 환경에서 발생하는 윤리적 판단도 기계가 학습을 못할 이유는 없다"라고 했지만, 학습의 기술보다는 무엇을 학습시킬 것인가에 초점을 맞추어야 한다. 스스로 주변 상황을 인식하고, 경로를 판단하고, 자동으로 움직이는 자율주행차는 이미 로봇이다. 로봇이 인간이 운전하는 차와 함께 도로를 달리기 위해서는 사회적으로 받아들일 수 있는 최소한의 기준이 마련되어야 한다. 이미 선진국에서는 공학, 법학, 심리학 등 각 분야의 전문가들이 모여 법적, 제도적 논의를 시작하였다. 어쩌면, 자율주행차가 상용화되기 위해 해결해야 하는 사안은 기술이 아니라 하는 윤리적 문제일지도 모른다.

편리함보다 안전

미국 캘리포니아 주정부는 2015년 12월 16일 자율주행차를 규제할 법령의 초안을 공개했다. 핵심 내용은 세 가지이다. 첫째는 자율주행 면허를 소지한 운전자가 반드시 탑승해야 한다. 운전자가 없는 무인차는 허용이 되지 않는다는 뜻이다. 둘째는 핸들, 제동 장치와 같이 운전에 필요한 장비를 갖추어야 한다. 현재의 구글카처럼 운전대가 없는 자동차는 운행을 할 수가 없게 된다. 셋째는 제조사가 소비자에게 차를 판매할 수가 없다. 리스만 가능하다. 검증 기관에서 3년 기한의 운행허가증을 받아 대여를 하고 지속적으로 차량을 관리해야 한다. 주정부는 자율주행차가 대응할 수 없는 상황에 대한 안전 조치가 필요하다는 입장이다. 여기저기에서 자율주행 기술을 내세우지만 아직 눈, 비, 안개와 같은 기상 변화와 도로의 돌발 상황에 제대로 대처하는 수준에는 도달하지 못하였다. 99% 안전한 차는 아무런 소용이 없다. 앞으로 몇 달간 소비자와 업계의 의견을 수렴하는 과정을 거치겠지만 상용화 계획에 차질이 불가피할 것으로 보인다.

상용화의 최종 목표는 완전 자율주행이지만 실제 적용은 단계적으로 이루어지고 있다. 업계에서는 자동차의 자동화 수준을 4단계로 구분한다. 1단계에서는 자동 브레이크나 앞차와의 간격 유지와 같은 기본적인 운전 보조 기능이 적용된다. 2단계는 부분적인 자율주행 수준이다. 운전자가 직접 운전을 하지만 자동차가 속도 조절이나 방향 변경 등 일부 자율 기능을 수행한다. 3단계

자율주행차 단계

는 고속도로와 같이 특정한 환경에서 차선 변경, 추월, 장애물 회피 등을 모두 할 수 있는 수준으로 상황에 따라 운전자가 전방에서 눈을 뗄 수도 있다. 마지막 4단계는 목적지만 알려주면 사람의 개입 없이 자동으로 운행하는 완전 자율주행 단계이다. 최근에는 테슬라의 자율주행 모드인 오토파일럿이나 제네시스 EQ900의 고속도로 주행지원 시스템과 같이 2단계 수준의 기술이 적용된 준자율주행차들이 출시되고 있다.

　　대부분의 자동차 회사들이 자율주행차의 출시 목표를 2020년으로 정하였지만 완전 자율주행까지는 더 많은 시간이 걸릴 것으로 보인다. 상용화 시기에 대해서는 점진적 변화를 원하는 자동차 업계와 급격한 혁신을 시도하는 IT 기업의 전망이 엇갈린다. 어

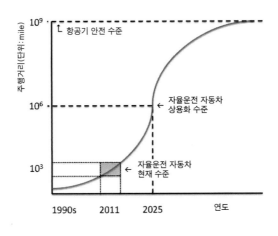

주행거리(단위:mile)

10^9 ← 항공기 안전 수준

10^6 ← 자율운전 자동차 상용화 수준

10^3 ← 자율운전 자동차 현재 수준

1990s 2011 2025 연도

자율주행차 상용화 예상 시기

느 한쪽에 치우치지 않고 비교적 객관적 위치에 있는 학계의 의견
이 있어 간략히 소개한다. 최근 캘리포니아공과대학교의 박사 매
튜 무어는 기술의 발전 단계를 나타내는 S-곡선을 이용해 자율주
행차의 상용화 시기를 예측하였다. 사람이 개입하지 않고 자율주
행만으로 얼마나 멀리 운행할 수 있는지가 판단의 기준이다. 현재
수준은 100mile(약 160km) 정도를 주행할 수 있고, 상용화가 되려면
운전자의 도움 없이 100만mile은 가야 한다. 이 정도 거리는 2025
년이 되어야 달성될 것으로 예상하였다. 안전도를 항공기의 자동
비행 수준으로 높이는 것은 2040년 이후에야 가능하다고 한다.

안전성과 함께 상용화의 또 하나의 걸림돌은 가격이다. 현
재 완전 자율주행을 위한 추가 비용은 약 10만 달러, 한화로 1억
원이 넘는다. 최근 아이폰을 해킹해 유명해진 조지 하츠가 불과 1
천 달러로 자율주행차를 만들었다는 기사가 있었지만 안전한 차

라이다로 찍은 거리의 모습

는 아니다. 구글카의 지붕 위에 달려 있는 라이다LIDAR는 레이저를 쏘아 도로의 모습을 3차원 지도로 만들어주는 특수 장비이다. 64개의 레이저가 들어 있는 벨로다인Velodyne사의 이 장비 하나의 가격이 7만 달러가 넘는다. 정확한 위치 파악을 위한 GPS도 오차가 거의 없는 고정밀 제품은 수천 달러를 호가한다. 자율주행차에는 100개가 넘는 센서와 고가의 컴퓨터가 장착된다. 대량생산을 하게 되면 가격이 내려가겠지만 단기간에 소비자의 요구 수준을 맞추기는 쉽지 않다. 그 밖에도 도로 인프라 구축, 해킹 방지, 프라이버시 침해 예방 등 해결해야 할 이슈들이 산적해 있다.

자율주행차는 시간이 걸리더라도 기술적, 윤리적, 제도적인 문제들을 해결하고 도로로 나와야 한다. 그래야만 사람들이 마음 놓고 운전대를 로봇에게 넘겨줄 수 있다. 자율주행차의 성공을 위한 조건은 수없이 많지만 그중 하나를 고른다면 그것은 단연 '안전'이다.

4장

로봇이 수술하고,
드론이 배달하는 시대

로봇,
걸어다니는 스마트폰

국내 최초의 '하이테크 예능 프로그램'이 등장했다. 조용한 시골 마을에 로봇들이 나타나 좌충우돌하며 따뜻한 웃음을 선사한 예능 〈할매네 로봇〉이다. 케이블 방송사 tvN에서 야심 차게 기획한 이 프로그램에는 개그맨 장동민, 배우 이희준, 가수 바로가 로봇과 함께 출연해 재미를 더했다. '허당

국내 최초 하이테크 예능 프로그램
〈할매네 로봇〉

로봇 머슴이' '귀요미 로봇 토깽이' '흥부자 로봇 호삐' 삼총사가 농촌의 일손도 돕고 어르신들의 적적함도 덜어드린다는 설정이다. 그런데 막상 뚜껑을 열어보니 연구실 밖으로 나온 로봇들이 시골에서 할 수 있는 일이 없었다. 제대로 걷기도 힘들고 계란을 깨뜨리지 않고 잡는 것도 쉽지 않았다. 머슴이는 3억 원이 넘는 최첨단

로봇인데 값비싼 장난감, 사고뭉치 쇳덩어리라는 핀잔을 받는 수모를 겪었다. 기획 의도와 달리 회를 거듭할수록 로봇들은 제 역할을 하지 못했고 결국 6회를 마지막 방송으로 막을 내렸다. 지금까지 영화 속에서 악당들을 무찌르던 멋진 로봇과 달리 실제 모습은 왜 이렇게 실망스러웠을까?

로봇의 역설, '모라벡의 역설'

일찍이 로봇과학자 한스 모라벡Hans Moravec은 "인간에게 어려운 일이 로봇에게는 쉽고, 인간에게 쉬운 일이 로봇에게는 어렵다"라고 말했다. 사람은 보고, 듣고, 느끼고, 걷는 것을 아무렇지도 않게 해내지만 복잡한 계산은 잘하지 못한다. 반면 로봇에게 손으로 물건을 집거나 경사진 길을 걷는 것은 어렵지만 우주로켓의 궤도를 계산하는 것쯤은 일도 아니다. 사람이 오랜 세월 동안 몸으로 습득해 쉬워 보이는 행동들이 오히려 로봇에게는 흉내 내기 더 힘들다. 모라벡의 역설Moravec's Paradox로 알려진 이런 현상 때문에 인간을 닮은 로봇을 만드는 것이 어렵다. 억만장자인 마이클 블룸버그 전 뉴욕시장이 "앞으로 돈 들여 하버드대학교에 가는 것보다 배관공이 되는 게 낫다"라고 한 말이 언론에 보도된 적이 있다. 로봇이 회계사의 일은 대신할 수 있지만 배관공의 일은 대신하기 어려우니 미래의 일자리 차원에서 따져본다면 어느 정도 일리 있는 말이다. 이런 이유로 로봇이 연구실을 벗어나면 허당 로봇 머슴이처럼 천덕꾸러기 신세가 되고 만다. 그런데 로봇이 요즘 기대를 한 몸에 받으며 다시 뜨고 있다. 요즘 로봇에게 무슨 일이 일어나고 있는 걸까?

로봇 전성시대

CES에서도 로봇이 사물인터넷, 스마트카와 함께 스포트라이트를 받고 있다. 언론의 관심도 높아져 2012년 이후 로봇에 대한 기사가 해마다 50%씩 증가하고 있다. 글로벌기업들도 새로운 사업으로 주목하며 투자 확대에 나섰다. 구글은 이미 10개가 넘는 로봇 관련 회사를 인수하였고, 아마존도 물류 로봇 키바Kiva와 드론Drone을 이용한 총알 배송을 시도하고 있다. 일본의 소프트뱅크는 프랑스의 알데바란 로보틱스Aldebaran Robotics를 인수해 감정인식 로봇 페퍼를 출시하였다. 매년 감소하던 특허등록 건수도 2009년부터는 연평균 26%씩 급증해 기업들이 일전을 치르기 위한 비장의 카드를 준비하고 있음을 짐작하게 한다.

인간형 로봇 페퍼

미국, 독일, 일본, 중국 등 각국의 미래성장동력에도 로봇은 빠지지 않고 등장한다. 미국 정부는 로봇을 통해 자국의 제조업 부활을 노리고 있다. 해외로 나간 생산 기지를 본국으로 불러들이는 리쇼어링Reshoring과 제조업 육성을 위한 첨단제조 파트너십

^{AMP} 정책을 추진하며 연구개발 비용으로 22억 달러를 쏟아부었다. 독일의 하이테크 육성 전략인 'Industry 4.0', 일본의 '로봇 新전략 2020', 중국의 '중국제조 2025'의 핵심에도 로봇이 자리 잡고 있다. 우리나라 역시 '제조업 혁신 3.0' 전략을 추진하며 2018년까지 7조 원을 투자해 로봇 산업을 육성할 계획이다.

시장에서 보는 눈도 달라졌다. 미국의 보스턴컨설팅그룹^{BCG} 은 2020년이면 로봇 시장이 430억 달러로 성장해 2013년의 2배에 달할 것으로 전망하였다. 시장조사 업체 마켓앤마켓은 로봇 시장 이 글로벌 가전 시장과 맞먹는 70조 원 규모로 커질 것이라고 예 측하였다. 비즈니스의 촉이 가장 발달하였다는 벤처캐피털^{Venture Capital}의 자금도 움직이기 시작했다. 2009년부터 2014년까지 6년 간 로봇 분야에 대한 벤처캐피털의 투자액은 11억 달러로 연평균 34%씩 증가하였다. 로봇 전문 매체인 『로보허브』에 따르면 2015 년 한 해에 12억 달러가 로봇 관련 스타트업에 투자되었고, 29개 의 기업이 인수합병되는 등 지속적으로 자금이 유입되고 있다.

바야흐로 로봇 전성시대가 열린 것이다. 2020년 '1가구 1로 봇'의 시대가 되고, 로봇이 당신의 직장 상사가 될 수 있다는 기사 도 심심찮게 나온다. 이런 변화 속에서 살아남고 새로이 도약하기 위해서는 어떻게 해야 할까? 먼저 로봇이 무엇인지 간단히 살펴 보자.

소설 속에서 현실 세계로

로봇을 한마디로 정의하기는 참 어렵다. 보통은 '주변 환경 을 인식하고, 상황을 판단하여, 자율적으로 움직이는 기계'라고 정

휴머노이드 로봇

의한다. 로봇의 종류나 형태가 다양해지면서 이런 정의나 개념도 변하고 있다. 정해진 동작을 반복하는 공장의 로봇부터 사람을 닮은 휴머노이드 로봇, 신문기사를 작성하는 봇Bot과 같이 형체가 없는 것도 로봇이라고 부른다. 사용되는 곳으로 나누어보면 생산현장에서 사용되는 산업용과, 일반 소비자나 전문 분야에 사용되는 서비스용 로봇으로 분류할 수 있다.

　　로봇이란 말이 처음으로 등장한 건 1921년 체코의 소설가 카렐 차페크가 쓴 〈R.U.R〉이란 희곡에서였다. 그로부터 20년 후 과학자이자 소설가인 아이작 아시모프Isaac Asimov는 '로봇은 인간에게 해를 가해서는 안 된다'는 내용의 '로봇 3원칙'을 제시하고, 로봇공학Robotics이라는 용어도 만들었다. 소설 속의 로봇이 실제로 산업현장에서 사용된 것은 1961년 미국의 GM이 도입한 유니메이트Unimate가 처음이었다. 1970~1980년대는 독일이 자동차용, 일본이 전자 산업용 로봇 분야에 진출하면서 시장을 주도하였다. 1990년대에는 소니의 강아지 로봇 아이보Aibo, 혼다의 걷는 로봇 아시모

와 같은 서비스용 로봇이 선을 보이기 시작했다. 2000년대 들어서는 미국이 수술 로봇, 청소 로봇, 물류 로봇 등으로 서비스 분야의 시장을 선도하였다.

　　최근에는 로봇도 자동차처럼 기계 중심의 제품에서 IT가 결합된 지능형 디바이스로 진화하고 있다. 지금까지 밀폐된 공간에서 단순한 반복작업을 하던 로봇이 첨단 센서와 인공지능으로 무장하면서 스마트해졌다. 소프트뱅크의 페퍼에는 카메라, 터치, 마이크 등 25개의 센서가 들어 있어 일상의 대화를 이해하고 상대방의 감정까지 알아차린다. 구글에서 로봇 개발을 이끌었던 앤디 루빈Andy Rubin은 "소프트웨어나 센서는 아직 갈 길이 멀지만 로봇팔과 같은 하드웨어는 이미 해결되었다"고 이야기한다. 지금까지는 메커니즘과 제어 기술이 경쟁력이었지만, 앞으로는 강력한 운영체제와 플랫폼, 영상과 음성을 이해하는 인식 기술, 클라우드와 연결되는 인공지능과 같은 IT 역량을 가진 기업이 시장을 지배하게 될 것이다.

　　하드웨어 판매 위주의 비즈니스 모델에도 변화의 조짐이 보인다. 전 세계 수술 로봇 시장을 장악한 미국의 인튜이티브 서지컬Intuitive Surgical사는 장비를 판매한 후 서비스로 벌어들이는 수익이 전체 수익의 68%에 이른다. 소프트뱅크가 출시한 페퍼의 가격은 20만 엔이지만 3년간 부가 요금이 88만 엔으로 주 수입원은 서비스이다. 근력을 증강시키는 웨어러블 로봇으로 유명한 사이버다인은 시간당, 월간, 연간 사용 요금을 책정해 리스로 수익을 내고 있다. 로봇 산업의 가치사슬이 하드웨어에서 소프트웨어, 콘텐츠, 서비스로 이동하기 시작했다. 아직 손에 잡히지는 않지만 선진국들은 이미 로봇 산업의 변화를 감지한 듯하다.

인간과 기계의 사랑?

인간이 기계와 사랑에 빠진다는 이야기를 담은 영화 〈그녀〉 속 모습이 현실에서 벌어지는 날이 오게 될까? 그 가능성이 점점 높아지는 것 같다. 최근 빅데이터나 머신러닝과 같은 기술이 빠르게 발전하면서 지능과 감성을 갖춘 로봇이 속속 등장하고 있다. 먼저 얼마 전 로봇과 관련해 화제가 되었던 사건의 몇 장면을 되돌아보며 시작하자.

장면1: 2015년 1월 28일, 일본

지바현의 한 사찰에서 로봇들을 위한 장례식이 치러졌다. 소니에서 만든 로봇 강아지 아이보를 위한 천도재였다. 아이보는 간단한 말을 알아듣고 춤도 추면서 재롱을 부리는 반려견 로봇이다. 주지스님 오오이 후미히코는 "물건에도 마음이 있다"라며, 경내에 공양탑을 세워 앞으로도 아이보를 위한 추도를 계속하고 싶다고 말했다.

아이보 천도재

아이보는 1999년부터 2006년까지 약 15만 마리가 판매되었다. 발매 당시 25만 엔으로 만만치 않은 가격이었지만 초기 물량 3천 대가 순식간에 동이 나고 수십만 엔의 프리미엄이 붙을 만큼 인기가 좋았다. 상태가 좋은 아이보는 지금도 일본 옥션에서 30만 엔 정도에 거래가 된다고 한다. 그런데 이후 소니가 경영에 어려움을 겪으면서 생산을 중단하였고 2014년 3월에는 AS를 해주던 아이보 클리닉마저 문을 닫았다. 관절을 움직이는 로봇이어서 1년에 한 번씩 수리를 해주어야 하는데 이제는 부품조차 구할 수 없게 된 것이다. 유일한 방법은 수명을 다한 다른 아이보의 장기(?)를 기증을 받는 것뿐이다. 이날 장례식을 마친 아이보는 수리를 기다리는 다른 아이보에게 보내졌다.

2014년 6월 『뉴욕 타임스』는 아이보를 자식처럼 키운 노부부의 사연과 로봇의 수명을 연장시키려는 주인들의 노력을 다룬 다큐멘터리를 보도하였다. 다큐멘터리에서는 "아이보의 주인들에게 아이보는 단순한 전자제품이 아니라 가족이다"라고 말하고 있다.

장면2: 2015년 12월 22일, 중국

샤오빙이 진행하는 일기예보 방송

상하이의 위성방송『동팡』의 아침 뉴스에 인공지능 기상 캐스터가 등장했다. 마이크로소프트가 개발한 챗봇Chatbot인 샤오빙小氷이 방송에서 첫선을 보인 날이었다. 샤오빙은 클라우드와 빅데이터 분석을 통해 기상 상황을 예측하는 인공지능 소프트웨어다. 거기에 글자를 말로 바꾸어주는 TTSText-to-Speech 기술이 더해져, 여성의 목소리로 자연스럽게 일기예보를 진행한다. 앵커와 대화도 하고, 공기가 나쁜 날은 마스크를 착용하라는 당부도 잊지 않는다. 언어 구사 능력 테스트에서도 5점 만점에 4.32점을 받아 사람의 평균인 4.76점과 큰 차이가 없었다. 샤오빙은 2014년 5월에 출시되어 지금은 4천만 명이 넘는 사용자가 그와 문자를 주고받으며 대화한다.『뉴욕 타임스』는 샤오빙이 유머가 있고 속 깊은 이야기도 잘 들어주어 중국의 젊은이들에게 인기가 높다고 소개했다. 마음의 상처를 받거나 기분이 우울할 때 그와 대화를 하고, 때로는 사랑한다는 말을 하는 사람도 있다고 한다.

장면3: 2015년 5월 19일, 미국

로봇 저널리즘

『LA 타임스』는 지진 발생 뉴스를 속보로 내보냈다. "지질조사소에 따르면 화요일 오전 캘리포니아의 로스바노스에서 27mile 떨어진 지점에 규모 4.0의 약진이 관찰되었다. 지진은 태평양 표준시 오전 11시 36분에 0.6mile 깊이에서 발생했다." 지진이 발생한 뒤 단 몇 분 만에 나온 이 기사는 사람이 쓴 것이 아니라 퀘이크봇Quakebot이라는 인공지능 로봇 기자가 작성한 것이었다. 로봇 기자는 방대한 데이터를 순식간에 수집하고 일정한 알고리즘에 따라 자동으로 기사를 작성한다. 다루는 영역도 점차 넓어져 스포츠 뉴스, 기업 실적 분석, 증권 기사 등으로 확대 중이다. 『LA 타임스』뿐만 아니라 미국의 경제지 『포브스』와 『AP통신』 등 로봇 기자를 활용하는 언론사가 늘어가는 추세. 대표적인 로봇 기자로는 오토메이티드 인사이츠Automated Insights가 개발한 워드스미스Wordsmith를 꼽는다. 워드스미스는 2013년에 3억 개, 2014년 10억 개의 기사를 작성해 그중 일부는 언론사에 판매하였다. 영국의 『가디언』

지는 한 걸음 더 나아가 편집까지 로봇 기자가 맡았다. 2013년부터 주간지『롱 굿 리드』의 기사 선별과 지면 배치 모두를 인공지능 소프트웨어가 해오고 있다.

그렇다면 독자들은 로봇 기자가 작성한 기사와 인간 기자가 작성한 기사를 구별할 수 있을까? 최근 한국언론진흥재단에서 흥미로운 조사를 하였다. 일반인 600명과 현직 기자 164명을 대상으로 5건의 기사(기자 작성 3건, 로봇 작성 2건)를 보여주고 누가 쓴 글인지 물었다. 정답을 맞힌 비율은 일반인이 46.1%, 기자가 52.7%로 '구분한다고 볼 수 없다'는 결론이 났다. 물론 이 설문에 사용한 기사는 프로야구에 한정된 단순한 형식의 경기 결과 보도였다. 현장 취재, 기획 보도, 심층 분석, 비평과 같은 고도의 언론 기능은 여전히 사람의 몫으로 남겠지만 단순하고 기계적인 기사는 로봇이 맡게 될 것이다. IT 기술과 언론이 만난 로봇 저널리즘Robot Journalism이 대중을 위한 매스미디어의 시대에서 개인을 위한 맞춤형 미디어의 시대로의 진입을 시도하고 있다.

소셜 로봇의 미래

아직 대중화되지는 않았지만 서비스 로봇의 미래를 엿볼 수 있는 또 하나의 트렌드가 주목을 받고 있다. 지금은 서비스 로봇이 청소와 같은 가사노동을 돕는 수준이지만, 머지않아 정보를 제공하고 사람과 교감하는 소셜 로봇Social Robot으로 발전할 것으로 보인다. 최근 관심을 받는 소셜 로봇으로는 이 분야 개척자로 알려진 MIT의 교수 신시아 브리질Cynthia Breazeal이 개발한 지보Jibo가 꼽힌다. 몇 차례 출시가 연기되기도 하였지만 이 로봇은 시장의 판

가정에서 지보가 활용되는 모습

도를 바꿀 '게임 체인저Game Changer'로 기대를 모으고 있다. 신시아 교수는 지보가 자연스러운 대화는 물론이고 행복, 슬픔, 놀람과 같은 감정을 표현하고 사용자의 특성까지 알아낼 수 있다고 말한다.

　일본에서 선풍적인 인기를 끈 소셜 로봇이 있다. 소프트뱅크의 감정인식 로봇인 페퍼는 한 달에 1천 대씩만 주문을 받아 한정 판매를 한다. 2014년 6월 발매 이후 매월, 접수 시작 1분 만에 동이 날 만큼 인기가 좋다. 그 비결은 로봇의 몸인 하드웨어가 아니라 인공지능 소프트웨어에 있다. 페퍼는 표정, 몸짓, 목소리로 상대방의 감정을 인식하고 인공지능을 이용한 '감정 생성 엔진'으로 상황에 맞는 대화를 골라낸다. 영화 속 〈그녀〉처럼 사용자의 마음을 읽어내 적절한 질문과 대답을 하는 것이다.

　기계가 정말 사람의 감정을 이해하는지는 여전히 논란거리다. 인공지능 분야 최고 전문가 중 한 명인 페이스북의 얀 레쿤Yann LeCun 박사는 IT 매체『테크 인사이더』와의 인터뷰에서 로봇은 감정을 갖지 못할 것이라고 말했다. 하지만 중요한 것은 로봇에게 감정이 있는지가 아니라 사람이 사물에 감정을 이입한다는 점이다. 오오이 스님의 말대로 사물에도 마음이 있는 것일까? 대화형 로봇의 시조로 알려진 일라이자Eliza는 1966년 MIT에서 개발한 심리 상담 컴퓨터 프로그램이다. 일라이자가 하는 일은 단순히 상대방의 질문을 그대로 되물어주며 공감을 표시하는 것뿐이었다. 그런데 이 프로그램과 대화를 나눈 사람들은 실제로 상담을 받은 것처럼 느꼈고 도움이 되었다고 응답하였다. 아이보를 가족으로 생각하는 노부부나, 인공지능 소프트웨어인 샤오빙에게 위로를 받고 사랑한다는 말을 하는 사람들도 이와 비슷한 경우다.

서울대학교의 장병탁 교수는 이렇게 말한다. "지금까지 인공지능에는 몸이 없고 로봇에는 마음이 없었다." 마이크로소프트의 코타나, 페이스북의 M, 구글의 나우, 애플의 시리와 같은 인공지능 비서들이 로봇에게 마음을 심어줄 수 있을까? 시간이 걸리겠지만 영화 〈그녀〉가 현실이 될 날이 그다지 멀지 않은 것 같다.

로봇 수술,
대세인가 상술인가

서울에 진도 6.5의 대지진이 발생해 도시는 아비규환이 되어버린다. 내일이 없어 보이는 절망 속에서 생명을 구하기 위해 사투를 벌이는 의료진과 구조대의 활약을 그린 재난 의학드라마 〈디데이〉의 배경이다. 냉철한 외과 의사 역을 맡은 하석진은 로봇 수술의 권위자로 등장한다. 첨단 장비와 정밀한 검사를 고수하는 그는 "감만 믿고 째고 갈라? 환자 가지고 도박해?"라며 확신이 없으면 아예 수술을 하지 않는다.

반면 "어쩔 수 없다는 소리만 하는 게 의사야? 어떻게든 해내야 의사지"라며 정의감에 불타는 외과 전문의 김영광은 병원의 골칫거리로 나온다. 그는 응급실을 누비며 응급처치를 하고 목숨이 경각에 달려 있는 환자도 마다하지 않고 수술을 하다 보니 의료 소송에 휘말리기 일쑤다. 드라마에서는 극적인 재미를 살리기 위해 이 둘의 수술 장면을 대비시킨다. 김영광이 집도하는 수술실은 긴박한 배경 음악과 함께 6명의 의료진이 땀을 흘리며 환자의

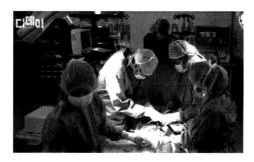

수술 로봇이 등장한 드라마 〈디데이〉

배를 가르고 힘겹게 수술을 한다.

잠시 뒤 장면이 바뀌고 잔잔한 클래식 음악이 흐른다. 하석진이 의자에 앉아 가볍게 손을 풀고 화면을 보면서 혼자 로봇으로 수술을 시작한다. 옷에 피 한 방울 묻히지 않고 수술을 마치고 나오며 후배의 감탄과 찬사를 받는다.

드라마 속 수술 로봇

드라마 속의 수술 로봇은 그 유명한 미국 인튜이티브 서지컬의 다빈치da Vinci이다. 전 세계 시장의 68%를 차지하고 있으며, 영업 이익률이 30%에 달하는 독보적인 제품이다. 제품이라고는 수술 로봇 하나뿐인 이 회사의 2014년 매출은 30억 달러를 넘어섰고 시가총액은 260억 달러에 육박한다. 다빈치를 이용한 수술은 2000년에 FDA의 승인을 받은 이후 2015년 6월까지 전 세계에서 250만 건을 기록하였다. 국내에는 2005년에 도입되어 첫해 17건을 시작으로 2014년에는 8천840회의 수술이 이루어져 빠르게 증가하는 추세이다. 다빈치는 2015년 6월까지 전 세계적으로 모두 3천398대가 보급되었는데 미국이 2천223대로 가장 많았고 유럽이 549대, 아시아가 350대로 그 뒤를 이었다. 우리나라의 44개 병원에 설치된 55대의 수술 로봇 모두 다빈치다.

다빈치 수술 시스템의 모습

수술 로봇은 수술을 할 줄 모른다

로봇 수술이라고 해서 수술의 전 과정을 로봇이 담당하는 것은 아니다. 의사가 수술을 할 때 사용하는 첨단도구라고 하는 것이 더 정확한 표현이다. 집도의가 조정간에 앉아 화면을 보며 조이스틱과 같은 장치로 로봇팔에 부착된 작은 집게나 가위를 움직여 수술을 한다. 메스로 살을 째는 개복 수술과 달리 5~6군데의 작은 구멍을 뚫고 그곳으로 카메라와 수술도구를 넣어 원격으로 조종하는 방식이다. 우리나라의 암 사망 증가율 1위인 전립선암과 같이 암세포가 골반 사이의 좁고 깊은 곳에 있어 개복이나 복강경으로 접근하기 어려운 경우에 특히 효과적이다. 출혈과 합병증의 위험이 적고 흉터와 통증이 덜해 회복도 빠르다. 발기부전이나 요실금 등 부작용의 발생 가능성도 낮아 미국에서는 전립선

수술도구의 끝단(왼쪽)과 조정간(오른쪽)의 모습

암의 80~90%를 로봇으로 시술하고 있다. 최근에는 갑상선암, 직장암, 자궁암 등 그 사용 범위가 점차 넓어지는 추세다.

　2011년 국내에서 수술 사례가 6천여 건을 넘어서면서 세간의 관심을 모으던 중 탤런트 박주아 씨의 사망 사고가 발생하였다. 수술 로봇을 이용하여 신장을 절제하는 도중 십이지장에 생긴 상처로 인한 후유증으로 사망한 것이다. 유족들은 병원장과 의료진을 고소하였다. 검찰은 이 사건에 무혐의 처분을 내렸고 가족들은 항소를 하며 법정 공방을 벌였다. 당시 수술 로봇의 안전성에 대해서는 국회에서도 문제를 제기하여 한국보건의료연구원은 그때까지의 로봇 수술 기록을 모두 조사하여 발표하였다. 주된 내용은 수술 후 30일 이내 사망한 사람이 0.09%로 기존의 개복 수술이나 복강경 수술에 비해 안전하다는 것이었다. 인튜이티브 서지컬도 의료 사고로 인한 소송이 끊이지 않아 골머리를 앓고 있다. 국내 대기업들이 시장 진입을 꺼리는 이유 중 하나이기도 하다.

가성비를 높여라

안전성과 함께 높은 가격도 해결해야 할 문제다. 2014년에 출시된 신형 수술 로봇 '다빈치 Xi' 한 대의 가격은 약 45억 원이고 연간 유지비용도 2억 원이 넘게 들어간다. 거기에 10번밖에 사용할 수 없는 로봇팔은 1개에 수백만 원씩 한다. 지금은 건강보험도 적용되지 않아 적게는 700만 원에서 많은 경우 1천500만 원이 넘는 수술비 전액을 환자가 부담해야 한다. 아직은 제값을 못한다는 연구 결과도 나왔다. 2014년에 한국보건의료연구원은 가장 많은 시술이 이루어지는 전립선암에 대한 경제성을 조사하였다. 결과는 기존의 수술 방식보다 비용이 2~3배 더 들지만 치료 효과가 아직 명확하게 입증되지 않았고 삶의 질 개선도 기대에 미치지 못한다는 것이었다. 로봇융합포럼 의장을 맡고 있는 KAIST 권동수 교수 역시 "현재 다빈치는 터무니없는 가격이며, 다양한 수술 로봇이 나와야 한다"며 고비용 문제를 지적했다.

다행히도, 앞으로 인튜이티브 서지컬이 지금과 같은 폭리를 취하기는 어려울 전망이다. 시장조사 기관 RnR 마켓 리서치는 수술용 로봇 시장이 2014년 32억 달러에서 2020년에는 200억 달러 규모로 성장할 것으로 전망하였다. 이 거대 시장을 노리는 전 세계 기업들의 경쟁이 시작되었다. 이미 시장에 진입한 어큐러시Accuracy, 스트라이커Stryker, 호코마Hocoma 등의 의료장비 전문 업체들은 높은 효율과 합리적 가격을 동시에 충족시키는 제품 개발에 열을 올리고 있다. 최근 캐나다의 수술용 로봇 전문 업체 타이탄 메디컬Titan Medical은 60만 달러대의 반값 수술로봇 스포트SPORT를 개발하여 FDA의 승인을 기다리고 있다. 구글은 2015년에 설립한 지주

회사인 알파벳의 자회사를 통해 의료 로봇 분야 진출을 꾀하고 있다. 당뇨 환자의 당을 측정하는 콘택트렌즈와 암을 진단하는 알약 등을 연구하던 구글의 생활과학 사업부를 버릴리Verily라는 자회사로 재편하였다. 마침내 버릴리는 2015년 12월 존슨앤존슨의 의료기기 자회사인 에티콘Ethicon과 합작으로 버브 서지컬Verb Surgical이라는 의료 로봇 회사를 설립하며 시장 진출을 선언하였다.

국내에서도 현대중공업, 미래컴퍼니, 고영테크놀러지 등 시장 진입을 준비하는 기업이 하나둘 늘고 있다. 최근 미래컴퍼니는 복강경 수술 로봇인 레보 아이Revo-i의 전임상시험을 성공적으로 마쳐 식품의약품안전처에 임상시험을 신청한 상태다. 지금까지 수술 로봇 시장 진입의 가장 큰 장벽이었던 다빈치의 특허도 2016년이면 상당수가 만료된다. 경쟁자가 늘어나고 수술 로봇의 IT화가 이루어지면 성능은 좋아지고 가격은 내려간다. 다빈치의 시장 지배력은 한동안 지속되겠지만 머지않아 가격 경쟁이 시작되고 독주 체제는 무너질 것으로 보인다.

전 세계의 수많은 기업들이 이 시장에 뛰어드는 이유는 수술 로봇이 수술의 패러다임을 바꿀 만한 잠재력을 지니고 있기 때문이다. 환자와 의사가 서로 떨어진 상태에서 시술이 이루어지는, 꿈에도 생각하지 못한 일이 일어날지도 모른다. 지금도 원격 수술은 여러 곳에서 시도되고 있다. 하지만 조정간을 움직이는 의사의 손놀림과 원격지에 있는 수술도구의 반응에 시간차가 있어 아직 완성 단계는 아니다. 2015년 미국 플로리다병원 니콜슨 센터의 실험 결과에 따르면 현재 0.3~0.5초 정도의 시간 지연이 있는데 이것이 0.2초 이내로 줄어들면 네트워크를 통한 원격 수술에 문제가

원격 수술

없다고 한다. 또 한 가지 해결해야 할 것은 의료기기에 대한 해킹의 위험성이다. 이 벽만 넘어서면 지구 반대편에 있는 환자를 수술하는 것도 가능해진다. 로봇과 의료의 만남은 수술 로봇뿐만 아니라 재활, 간병, 헬스케어 등 무한한 가능성의 시장을 열어가고 있다. 이미 레드오션이 되어버린 스마트폰 시장에서 눈을 돌려 서비스 로봇에서 기회를 찾아보는 것도 난국을 돌파하는 한 가지 방편이 될 것이다.

드론 열전 列傳

백수에서 백만장자로, 3D 로보틱스의 호르디 무뇨스

"저의 모국어는 영어가 아니라 서툴더라도 이해해주세요. 저는 닌텐도 게임기의 부품으로 무선 헬리콥터 자동 조종기를 만들었습니다. 사진과 동영상을 첨부합니다." 멕시코 출신의 스무 살 청년이 창고에서 만든 장난감 같은 물건을 인터넷 사이트에 소개한 글이다. 항공 엔지니어가 꿈이었던 청년은 멕시코시티에 있는 국립 폴리테크닉대학교에 진학하고 싶었지만 두 번이나 낙방의 고배를 마셨다. 부모님도 더 이상 도와줄 형편이 되지 않자 티후아나로 돌아와 타코 가게를 시작했다. 아버지의 만류로 타코 가게를 정리하고 엔세나다에 있는 대학에서 컴퓨터공학을 공부하였다. 첫 번째 학기를 다니던 중 훗날 그의 아내가 된 여자 친구가 임신을 하였다. 둘은 아이를 미국에서 키우고 싶었다. 다행히 여자 친구가 미국 국적이 있어 함께 미국행을 결심한다. 그는 두 학기를 다닌 대학을 그만두고 캘리포니아 리버사이드로 이주해 영

호르디 무뇨스

주권을 신청하였다. 영주권이 나오기까지는 취직을 할 수도 없고 학교를 다닐 수도 없어 무료한 나날을 보내고 있었다.

그는 창고에서 인터넷을 뒤지면서 컴퓨터 프로그래밍을 공부하기 시작했다. 그러던 중 게임기 컨트롤러를 분해한 뒤 무선 조종 헬리콥터와 연결해보았다. 문득 이렇게 하면 누구나 쉽게 모형 헬리콥터를 조종할 수 있겠다는 생각이 들었다. "어차피 할 일도 없었다"던 그는 자동 헬기 조종 시스템을 만들어 인터넷에 올렸다. 그러자 여기저기서 주문이 들어와 준비해둔 40대가 1시간도 되지 않아 모두 팔렸다. 그는 이 물건을 어떻게 불러야 될지 몰라 '로봇 헬리콥터'라고 했다. 요즘 세상을 떠들썩하게 만든 상업용 드론은 이렇게 시작되었다. 그로부터 2년이 지난 2009년, 그는 IT 전문지 『와이어드』의 편집장인 크리스 앤더슨Chris Anderson과 함께 3D 로보틱스3D Robotics를 설립하였다. 고등학교를 졸업한 멕시코 이민자에서 세계 3대 상업용 드론 회사의 CEO로, 인생 역전을 실현한 호르디 무뇨스Jordi Munoz의 이야기다. 그는 2015년에는 멕시코 대통령이 수여하는 '젊은 기업가상'을 수상하는 영광을 안았다.

젊은 기업가상을 수상한 호르디 무뇨스

그의 인생 행로에서 빼놓을 수 없는 것이 크리스 앤더슨과의 만남이다. 디지털 세상에서는 상위 20%보다 하위 80%의 긴 꼬리가 더 큰 가치를 만들어낸다는 롱테일Long Tail 경제학의 창시자로 널리 알려진 크리스 앤더슨은 한눈에 그를 알아보았다. 앤더슨은 『와이어드』 편집장 시절에 드론의 시대가 올 것을 예감하고 드론 커뮤니티인 'DIY 드론스'를 만들어 공유의 장을 열었다. 어느 날 이 사이트에 한 멕시코 청년이 어눌한 영어로 글을 올렸고 회원들은 그가 만든 자동 조종 헬리콥터에 찬사를 보냈다. 앤더슨 자신도 그때 감동을 받았다고 회고한다. 그 뒤 무뇨스에게 전화를 걸어 함께 일하게 되었고, 그렇게 이어진 인연으로 최초의 상업용 드론이 탄생한 것이다. 그는 자신의 저서 『메이커스』에서 이렇게 말한다. "이것은 재능의 롱테일을 보여주는 좋은 사례이다. 디지

털 시대에는 졸업장이나 자격증과 상관없이 자신의 능력을 보여
줄 수 있다." 2012년 앤더슨은 12년간 몸담았던 『와이어드』를 떠나
3D 로봇틱스에서 무뇨스와 함께 새로운 세상을 만들어가고 있다.

드론계의 스티브 잡스, DJI의 왕타오

미국의 경제지 『포춘』은 매년 전 세계에서 가장 영향력 있는
40세 이하의 비즈니스계 톱스타 40인을 선정해 발표해왔다. 2015
년에는 할리우드 스타이자 친환경 육아용품 업체 어니스트 컴퍼
니 설립자인 제시카 알바, 스마트밴드로 억만장자가 된 핏빗의
CEO 제임스 박 등 기라성 같은 인물들이 이름을 올렸다. 그중 '드
론계의 스티브 잡스'로 불리는 DJI의 CEO 왕타오汪滔의 얼굴도 보
였다. DJI는 창업 10년 만에 전 세계 민간용 드론 시장의 70%를 장
악하고 100억 달러의 가치를 지닌 기업으로 성장했다. 이 회사가
상장을 하게 되면 지분의 45%를 보유하고 있는 왕타오의 재산은
45억 달러로 한국의 부자 다섯 손가락 안에 들 정도다. DJI가 내놓
은 드론 팬텀Phantom은 『타임』지의 '2014년 10대 과학기술 제품', 『이
코노미스트』지의 '가장 대표적인 글로벌 로봇', 『뉴욕타임스』지의
'2014 우수 첨단 기술 제품'으로 연이어 선정되는 등 세계적인 돌
풍을 일으켰다. 불과 35세의 나이에 왕타오는 어떻게 이 모든 것
을 이룰 수 있었을까.

왕타오는 알리바바의 마윈 회장과 동향인 저장성 항저우
출신이다. 어릴 적부터 유별나게 모형 헬리콥터와 로봇을 좋아했
던 그는 다른 일에는 그다지 관심이 없었다. 상하이에 있는 화동
사범대학교의 심리학과에 진학하지만 적성에 맞지 않아 3학년을

기숙사에서 시작된 DJI

에베레스트 산에서 드론을 시험해보는 리져샹(왼쪽)과 왕타오(오른쪽)

다니던 도중 그만두었다. 미국 유학을 꿈꾸며 스탠포드대학교와 MIT에 원서를 냈지만 그것도 뜻대로 되지 않았다. 결국 홍콩과학 기술대학교에 입학하게 되는데 졸업 과제로 자동 헬리콥터 조종 기를 만들면서 왕타오의 인생은 전환점을 맞는다. 매일 밤을 새우 며 오직 무인 헬리콥터에만 매달린 그는 2006년에 두 명의 친구 들과 함께 제조업의 메카인 선전에서 창업을 하였다. 이런 왕타오의 열정과 노력을 지켜보던 지도교수 리져샹이 기꺼이 그의 후원자가 되어주었다. 리져샹은 적지 않은 액수인 200만 위안을 지원해 DJI의 첫 번째 투자자가 되었다. 현재 리져샹 교수는 DJI의 지분 10%를 보유하고 있다. 10억 달러의 부호가 될 날이 멀지 않아 보인다.

창업 후에도 그는 일주일에 80시간을 일에 빠져 살았다. "남들은 새 모델을 출시하는 데 몇 년이 걸리지만 우리는 몇 개월이면 충분하다"라며 앞만 보고 달렸다. DJI는 지난 9년간 11개의 새로운 모델을 내놓았다. 2013년 누구나 쉽게 조종할 수 있는 드론 '팬텀1'을 출시하면서 드론의 대중화 시대를 열었다. 이어서 1천400만 화소의 독자 카메라를 장착한 '팬텀2', 2km까지 비행이 가능한 '팬텀3'로 라인업을 갖추면서 드론계의 최강자로 떠올랐다. 2010년에 100만 달러에 불과하던 매출이 2014년에는 5억 달러에 육박했고, 2015년에는 10억 달러에 이르는 매출을 기록했다. 5년 만에 무려 1천 배가 늘어난 셈이다.

빛이 있으면 그림자가 있는 것일까. 회사는 성장했지만 창업 멤버 모두 회사를 떠났다. 북미 시장을 개척하고 지금의 팬텀이 있기까지 많은 기여를 한 콜린 권은 소송까지 벌이면서 DJI를 떠난 뒤 3D 로보틱스로 가버렸다. 왕타오는 『포브스』와의 인터뷰에서 자신의 롤모델은 애플의 스티브 잡스라며 스스로를 '까칠한 완벽주위자'라고 했다. 그의 사무실 문에는 이런 말이 쓰여 있다고 한다. '머리만 가지고 올 것, 감정은 두고只带脑子, 不带情绪'. 무에서 유를 창조한 왕타오도 힘들었겠지만 이런 보스와 함께한 직원들도 무척 괴로웠을 것이다. 몇 년 전 『하버드 비즈니스 리뷰』에 소개된

「불완전한 리더를 찬양하라In Praise of the Incomplete Leader」라는 보고서는 독선적 리더십을 경고하며 완벽한 리더에 대한 환상을 버리라고 충고한다. 잡스에게 배울 것은 배우고 버릴 것은 버린다면 새로운 시대의 리더로서 금상첨화가 아니겠는가.

도전하는 '다이아몬드 수저', 패롯의 앙리 세이두

우리 사회의 단면을 보여주는 '수저 계급론'이 들불처럼 번지고 있다. 부모의 사회적 지위와 경제력이 자녀의 미래에 결정적인 영향을 준다는 의미로 개천에서 용이 나기 힘든 세태를 꼬집는 말이다. 계급의 종류도 '흙수저'부터 금, 은, 동, 플래티넘, 다이아몬드 수저까지 다양하다. 이 분류에 따르면 앞에 소개한 호르디 뮤노스나 왕타오는 흙수저에 가깝다고 볼 수 있다.

세 번째 주인공은 어떤 수저를 물고 태어났을까? 프랑스의 떠오르는 IT 기업 패롯Parrot의 CEO인 앙리 세이두Henri Seydoux는 도무지 전쟁터와 같은 IT 업계에 어울리지 않아 보이는 인물이다. 우선 집안의 배경이 남다르다. 할아버지는 세계 최대의 에너지 서비

앙리 세이두(왼쪽), 레아 세이두(오른쪽) 부녀의 모습

스 그룹 슐룸베르거의 창업주인 마르셀 슐룸베르거다. 아버지는 프랑스 최고 미디어 기업인 파테의 회장 제롬 세이두이고 삼촌들은 프랑스를 대표하는 영화사 고몽의 회장 니콜라 세이두, 프랑스 프로축구 클럽 릴 OSC의 소유주 미셸 세이두이다. 본인은 패롯의 CEO이자 프랑스 명품 수제화 브랜드 크리스티앙 루브탱의 공동 창업자로 개인 재산만 1억 달러가 넘는 자산가이기도 하다. 최근 루이비통의 새로운 모델로 발탁된 그의 딸은 〈미션 임파서블〉과 〈007 스펙터〉에서 시크한 연기로 인기를 모은 배우 레아 세이두이다.

이런 배경을 가진 앙리 세이두는 1994년 패롯을 설립하면서 IT와 인연을 맺게 된다. 초기에는 음성인식기기와 차량용 무선 핸즈프리 제품을 생산하였는데 그다지 두각을 나타내지는 못하였다. 이후 2012년 스위스의 드론 회사 센스플라이senseFly를 인수하면서 본격적으로 드론 사업에 뛰어들었다. 그는 젊은이 못지않은 열정과 감각으로 3년 만에 패롯을 세계 3대 드론 기업으로 키웠다.

드론의 비상

할리우드로 간 노마 제인

제2차 세계대전 당시 미국의 공장들은 전쟁에 필요한 물자를 만드는 군수 산업 시설로 바뀌었다. 전쟁이 길어지면서 남자들이 전선으로 차출되었고 그 빈자리를 여자들이 채웠지만 여전히 일손이 부족했다. 정부는 비행기 공장에서 리벳 작업을 하던 로지를 모델로 '리벳공 로지Rosie the Riveter'라는 근육질 여성을 이미지화한 포스터를 만들어 인력 동원 캠페인을 벌였다.

전쟁이 막바지로 치닫던 1945년 어느 날, 할리우드 지역의 군사 홍보를 담당하던 로널드 레이건Ronald Reagan 대위는 전속 사진 작가인 데이비드 코노버를 무인 비행기 제작 회사인 라디오플레인으로 보냈다. 신문에 내보낼 또 다른 리벳공 로지를 찾던 코노버에게 노마 제인Norma jean Mortensen이라는 19세 여공이 눈에 띄었다. 제인의 남편은 해군에 입대해 태평양으로 떠난 상태였다. 그는 일주일에 20달러를 받으며 하루에 10시간씩 공장일을 하는 힘겨운

나날을 보내고 있었다. 코노보는 허리에 사원증을 차고 프로펠러를 조립하는 제인을 모델로 촬영을 했다. 그 몇 장의 사진이 그의 인생을 180도 바꾸어놓았다. 얼마 후 그는 공장을 그만두고 할리우드로 향했다. 훗날 노마 제인은 세기의 여배우 마릴린 먼로^{Marilyn Monroe}로 다시 태어났고, 로널드 레이건 대위는 미국의 40대 대통령으로 선출된다.

노마 제인

노마 제인이 조립했던 비행기는 세계 최초의 대량생산 드론인 'OQ-2 라디오플레인'으로, 미국은 제2차 세계대전 당시 1만 5천 대를 생산해 훈련용으로 공급하였다. 드론이라고 불리는 무인 항공기는 베트남전에 배치되면서 본격적으로 군사 작전에 사용되었다. 당시 라이언사가 제작한 파이어비는 3천400회나 출격하여 실전에서 정찰 임무를 수행하였다. 2001년 오사마 빈 라덴 수색과 아프가니스탄 공격으로 일반에게 알려진 프레데터는 미 공군의 대표적인 무인기로 한 대 가격이 50억 원에 달한다. 지금까지 최고 성능의 무인기로는 노스롭그루먼사가 개발한 고고도

미 공군의 무인기 프레데터(위쪽)와 고고도 정찰기 글로벌 호크(아래쪽)

정찰기 글로벌 호크를 꼽는다. 한 번 뜨면 35시간 이상 비행이 가능하며, 30cm 정도 되는 크기의 물체를 지상 20km 상공에서도 식별할 수 있다. 작전 반경이 3천km에 달하는 이 드론의 가격은 2천억 원이 넘는다. 미국의 방위 산업 컨설팅 업체인 틸그룹은 드론의 전체 시장규모가 2013년 60억 달러에서 2022년에는 2배 수준인 114억 달러에 이를 것으로 전망하였다. 지금은 군사용이 전체 시장의 90%를 차지하지만, 상업용과 개인용 드론 시장이 빠르게 성장하고 있다. 마케팅조사 업체 BI 인텔리전스는 2015년 5억 달러 수준의 민간용 드론 시장이 연평균 20% 이상 성장하여 2024년에는 30억 달러가 될 것으로 예측하였다.

드론의 저력

민간용 드론의 시장이 커지자 인텔, 구글, 페이스북을 필두

드론 비행 기네스 기록

로 한 글로벌 IT 기업뿐만 아니라 록히드마틴과 같은 군사용 업체까지 가세하였다. 2014년 11월, 독일의 함부르크 인근 공항에 오케스트라 단원들이 모였다. 어둠이 깔리자 베토벤의 운명 교향곡이 울려 퍼지고 LED로 단장한 100대의 드론이 날아올라 밤하늘을 수놓으며 군무를 펼쳤다. 인텔이 주관한 이날 행사는 드론 동시 비행의 최고 기록으로 기네스북에 올랐다. 2016년 CES에서 인텔의 CEO 브라이언 크르자니크는 기조연설을 통해 이 영상을 공개하며 드론 사업 진출을 재천명했다. 이 공연에 사용된 드론은 행사 개막 전날 인텔이 인수한다고 발표한 독일의 어센딩 테크놀로지스Ascending Technologies의 제품이었다. 인텔은 2015년 8월에도 중국의 드론 회사인 유닉Yuneec에 6천만 달러를 투자하였다. 2016년 CES에서 최고의 드론으로 선정된 유닉의 타이푼에는 인텔의 CPU인 아톰과 3D 카메라인 리얼센스가 탑재되었다. 스마트폰에서 기회를 놓친 PC의 제왕 인텔이 세상 모든 드론에 자신들의 칩을 장착하는 '인텔 인사이드Intel Inside'를 다시 한 번 꿈꾸고 있다.

구글과 페이스북은 드론을 띄워 전 세계를 인터넷으로 연결한다는 원대한 목표를 세웠다. 2014년 4월 구글은 직원 20명의 신생 벤처기업 타이탄 에어로스페이스Titan Aerospace를 인수하였

구글의 솔라라(위쪽)와 페이스북의 아퀼라(아래쪽)

다. 이 회사에서 개발 중인 드론은 날개 길이만 50m에 달하는데 그 위에는 태양광 패널이 빼곡하게 붙어 있어 5년 동안 태양에너지만으로 비행할 수 있다. 타이탄을 두고 구글과 치열한 인수전을 벌여온 페이스북이 6천만 달러를 제시하며 선수를 쳤지만 한 달 뒤 인수 조건은 알려지지 않은 채 타이탄은 구글로 넘어갔다. 구글은 대기권 위성으로 불리는 이 회사의 드론 솔라라Solara로 차세대 5G 통신망을 구축하는 '스카이벤더Skybender' 프로젝트에 착수했다. 초고주파인 밀리미터파를 사용하는 스카이벤더는 현재의 4G LTE보다 40배나 빠른 인터넷 환경을 만들어가고 있다.

인수전에서 쓴잔을 마신 페이스북은 타이탄의 경쟁사인 영국의 어센타Ascenta를 인수하고 NASA 출신 인력들을 모아 커넥티비티 랩을 설립하였다. 어센타는 태양광만으로 최장 드론 운행을 기록한 벤처기업이다. 이곳에서 개발하던 태양광 드론 아퀼라Aquila는 보잉 737보다 긴 날개를 가졌지만 무게는 소형 자동차보다 가볍다. 2015년 3월 27일, 페이스북의 CEO 마크 저커버그^{Mark Zuckerberg}는 자신의 블로그를 통해 아퀼라의 첫 비행 성공 소식을 전했다. 아퀼라는 1만8천m 상공에서 수개월 동안 비행하며 레이저 통신 기술로 하늘의 기지국 임무를 수행하게 된다. 구글과 페이스북은 프로젝트의 목적이 인터넷을 사용할 수 없는 저개발국가를 위한 인프라 구축이라고 한다. 그러나 그들의 계획이 실현된다면 인터넷 오지뿐만 아니라 전 세계 어디서나 무료로 인터넷을 제공하는 것도 가능해진다. 통신사의 역할을 대신하는 공중 기지국 드론에는 미래 통신 산업을 뒤흔들 잠재력이 숨겨져 있는 셈이다.

드론의 미래

드론은 마치 새가 되어 나는 것처럼 지금까지 인간이 볼 수 없었던 새로운 시야를 제공한다. '하늘 위의 영상 혁명'으로 불리는 드론은 이미 영화 촬영이나 예능 제작에 없어서는 안 될 귀한 몸이 되었다. 기자가 접근하기 어려운 현장의 생생한 모습을 담아내는 드론은 뉴스 취재를 위한 새로운 수단이 되었다. 로봇이 기사를 쓰는 로봇 저널리즘에 이어 '드론 저널리즘'이라는 신조어까지 생겨났다. 레저용 드론은 스키를 타거나 자전거를 탈 때 공중에서 나를 따라오며 멋진 셀프 동영상을 찍어준다. 재난 구조, 산불 예방, 적조 모니터링과 같은 공공 부문에서도 드론은 그 위력을 발휘한다.

드론은 시각의 확장을 가능하게 할 뿐만 아니라 탁월한 공간 이동의 도구이기도 하다. 글로벌기업들이 물류 전쟁에 대비해 드론에 공을 들이는 이유이다. 아마존은 당일 배송을 넘어 '30분

배송'을 공언하며 드론을 이용한 프라임 에어 서비스Prime Air Service를 준비 중이다. 구글도 2017년 상용화를 목표로 구글판 드론 택배인 프로젝트 윙Project Wing을 준비하고 있다. 세계 최대의 유통 업체 월마트Walmart, 중국의 IT 삼인방 바이두, 알리바바, 텐센트를 비롯해 독일의 글로벌 운송회사 DHL 등도 드론을 활용하는 물류 시장에 뛰어들었다.

이처럼 드론이 '날개 달린 스마트폰'으로 기대를 모으고 있지만 상용화를 위해서는 아직도 넘어야 할 장벽이 많다. 외신에 따르면 2015년 한 해에 미국에서만 70만 대의 드론이 판매되었고 2025년에는 하루 1백만 대가 비행할 것이라고 한다. 머지않아 드론으로 하늘이 뒤덮일지도 모르겠다. 지금도 우려가 되는 사생활 침해, 안전사고, 해킹 등의 발발 가능성은 더욱 높아질 것이다. 이것은 비단 드론만의 문제가 아니다. 사물인터넷, 스마트카, 인공지능과 같이 이미 우리 곁에 와 있는 미래의 기술들이 안고 있는 공통된 고민이다. 제도와 인식과 기술이 얽혀 있는 복잡한 이슈이다. 하지만 어느 영화의 대사처럼 "우리는 답을 찾을 것이다, 늘 그랬듯이." 이제 막 싹을 틔운 드론의 미래에 기대를 걸어본다.

드론, 떠오르는 성공의 열쇠

드론이 농촌으로 간 까닭은

　　MIT가 발행하는 과학기술 전문지인 『MIT 테크놀로지 리뷰』는 매년 '세상을 바꿀 10가지 혁신 기술'을 발표한다. 2014년에는 가상현실, 뇌 지도, 신경망칩과 같은 최첨단 기술들이 선정되었다. 그중 첫 번째로 소개된 주인공은 첨단과는 거리가 멀 것 같은 농부였다. 와인 산지로 유명한 샌프란시스코의 소노마 밸리에서 포도농장을 운영하는 라이언 쿤테 씨는 끝없이 펼쳐진 포도밭을 손바닥 들여다보듯이 꿰고 있다. 적외선 카메라가 탑재된 3D 로보틱스의 드론 덕분이다. 수시로 항공 촬영을 하는 드론이 물이 부족하거나 병충해가 있는 곳을 알려주고, 육안으로 구분할 수 없는 식물의 건강 상태까지 보여준다. 이륙부터 촬영과 착륙까지 모든 것이 자동으로 이루어지는 오토파일럿 기능이 있어 따로 조종을 배울 필요도 없다. 이전에는 사람이 항공기에서 찍은 영상을 사용하였는데 시간당 사용료가 1천 달러였다. 지금은 1천 달러짜리 드

에어이노브의 농업용 드론

론 하나면 여유롭게 커피를 마시면서 이 모든 일을 할 수 있다. 드론이 열어가는 첨단 농업 시대의 막이 오른 것이다.

민간 드론 시장의 80%는 농업용으로, 이 시장을 선점하기 위한 경쟁이 뜨겁다. 일본에서는 20여 년 전부터 농업용 드론을 개발해왔다. 노령화에 따른 농가 일손 부족 문제를 해결하기 위한 적극적인 정책을 시행해 2013년에는 2천500대 이상의 드론이 농촌 지역에 보급되었다. 대표적인 무인 헬리콥터 업체인 야마하Yamaha는 RMAX 드론으로 일본 농경지의 40%에 살충제와 비료를 뿌리고 있다. 2015년 5월에는 미국 연방항공청FAA으로부터 업계 최초로 미국 내 사용 허가를 받았다. 중국의 DJI도 8개의 모터와 회전 날개를 단 아그라스Agras를 출시하며 농업용 드론 시장에 뛰

DJI의 아그라스

어들었다. 아그라스에는 10리터의 분사용 탱크가 탑재되어 있어 1시간이면 축구장 10개 정도의 넓이에 농약을 뿌릴 수 있다. 가격도 경쟁사의 절반 수준인 1만5천 달러다. DJI는 단숨에 시장을 제압할 것이라며 자신감을 내보였다.

패롯의 세콰이어를 탑재한 드론

스마트폰으로 조종하는 드론을 최초로 선보이며 레저 시장을 공략하던 프랑스의 패롯도 출사표를 던졌다. 일반 드론에 장착하면 농작물의 작황을 한눈에 알 수 있는 첨단 센서 세콰이어 Sequoia를 내놓았다. 컬러 카메라, 분광 카메라, 관성 센서, GPS, 영상 소프트웨어까지 장착된 이 제품은 고급 드론보다 비싼 3천500달러이다. 미국에서 열린 2016년 농업 박람회에서 패롯이 인수한 스위스의 센스플라이는 세콰이어를 탑재한 드론을 선보여 이목을 끌었다. 2010년에 과학자, 엔지니어, 농부 3명이 설립한 에어이노브 Airinov는 드론과 빅데이터를 접목하여 데이터 농업 시대를 열어가고 있다. 그 밖에도 미국의 에그리보틱스 Agribotix, 허니콤 Honeycomb, 로보플라이트 RoboFlight, 캐나다의 프리시즌호크 PrecisionHawk 등 쟁쟁한 실력자들이 즐비하다. 농업용 드론은 이미 대세로 자리 잡았다.

머뭇거릴 시간이 없다.

드론은 서비스다

로봇이 사람의 일자리를 빼앗는다는 보도 속에 새로 생겨나는 직업도 있다는 소식이 반갑다. 드론을 이용한 물류, 자원 탐사, 임대, 정비, 이벤트 기획, 데이터 분석 등 다양한 업종이 리스트에 올랐다. 최근에는 대학에 관련 학과가 신설되고 정보를 공유하는 커뮤니티와 창업 프로그램도 늘어났다. 『AP통신』에 따르면 중국은 드론 조종사 수요가 1만 명에 달해 면허 취득 준비 학원이 문전성시를 이룬다고 한다. 급여도 높은 편이고 숙련된 조종사는 일반 근로자의 2배가 넘는 수입을 올릴 수 있다.

미국에서는 2015년 『타임』에 스카이캐치Skycatch라는 회사가 소개되면서 우버형 드론 서비스가 주목을 받았다. 2013년 설립된 이 회사는 창업 1년 만에 구글 벤처스Google Ventures와 유명 벤처캐피털로부터 320만 달러의 투자를 받았다. 드론으로 임대 서비스만 하는 이 신생 기업의 고객은 엘론 머스크의 태양광 기업 솔라시티SolarCity, 글로벌 석유 회사 셰브론Chevron, 일본의 건설장비 회사 코마츠Komatsu와 같은 큰손들이다. 그런데 정작 이 회사를 유명하게 만든 것은 '워크모드Workmode'라는 서비스이다. 항공 촬영을 원하는 고객과 드론을 소유한 개인을 연결시켜주고 수수료를 받는 것이다. 차량 공유 서비스에서 시작해 소비자와 공급자를 연결해주는 '우버형 비즈니스'가 드론계까지 파고들었다. '드론계의 우버'로 불리는 스카이캐치의 CEO 크리스찬 산즈는 "얼마 후에는 지금은 생각지도 못할 일을 하고 있을 것"이라며 더 큰 꿈을 내비쳤다.

스카이캐치를 이용한 3D 촬영(위쪽)과 드론베이스(아래쪽)

드론 시장을 평정하다시피 한 DJI는 생태계의 주도권을 잡기 위해 1천만 달러라는 기금을 마련했다. 페이스북에 투자해 대박이 난 벤처투자사 엑셀파트너스와 함께 스카이펀드를 설립하고 유망 스타트업 발굴에 나섰다. 전 세계의 드론 업체를 조사한 뒤 첫 번째 투자 대상으로 드론베이스DroneBase를 선정하였다. 2014년에 설립된 이 회사 역시 의뢰자와 해당 지역의 드론 조종사를 연결해주는 공유 서비스 업체이다. 자체 조종사 네트워크 운영을 통해, 부동산과 건설 분야로 영역을 확장하여 에어비앤비라는 별명이 따라붙는 루키 스타트업이다. 이곳에서 간단한 등록을 하고 교육을 받은 후 현장 사진을 찍어 보내면 건당 최소 300달러의 보수를 받는다.

현재 미국 항공관리국의 규정에 따르면 드론은 무게가 25kg를 넘지 않아야 하고, 고도 150m 내에서 시속 160km 이하로 낮 시간에 가시거리 안에서 운행하여야 한다. 건설현장은 대부분 이런 조건을 만족해 규제로부터 비교적 자유롭다. 2015년 창업한 스타트업 드로너스Droners.io는 '드론으로 무엇이든 찍어드립니다'라는 모토를 내걸고 등장하였다. 건설현장은 물론이고 결혼식, 파티, 이벤트, 부동산 중개업 등 때와 장소를 가리지 않는다. 이외에도 2014년 가장 핫한 스타트업 20개 기업 중 하나로 선정된 영국의 에어스톡Airstoc, 독일 프랑크푸르트의 에비에이터Aviator 등 제2의 우버를 꿈꾸는 세계의 젊은이들이 드론에 꿈을 실어 날리고 있다.

드론의 승부처

멋진 드론을 만들고 고성능 카메라를 장착하여 하늘에 띄우는 것이 드론 사업의 전부는 아니다. 스카이캐치는 "우리는 드론 업체가 아니라 데이터 업체다"라고 말한다. 그들은 수많은 우버형 조종사들이 보내온 영상을 클라우드에 저장하고 분석한다. 스카이캐치의 서버에 쌓이는 데이터는 지금까지 웹에서 얻을 수 없었던 고객 정보이다. 하드웨어 중심이었던 드론이 '서비스형 드론'으로 바뀌고 있다. 창업자 크리스찬 산즈Christian Sanz는 드론의 사용으로 건축 업계에서만 20억 달러의 비용을 절감할 수 있다고 자신한다. 최근에는 광산업, 벌목업, 농업, 에너지 분야의 기업을 대상으로 서비스를 확대 중이다. 『닛케이 아시안 리뷰』는 구글이나 인텔과 같은 글로벌기업들이 드론에 주목하는 이유는 단순히 기기를 판매하는 데 있는 것이 아니라 '데이터 확보'에 있다고 지적하였다. 이제 드론이 어떻게 나는지가 아니라 어떤 정보를 수집하느냐에 따라 사업의 성패가 갈리는 것이다.

3D 로보틱스는 한 걸음 더 나아가 "우리의 롤모델은 안드

미래의 드론

로이드이다"라며 하드웨어와 소프트웨어를 아우르는 플랫폼 업체로의 도약을 선언했다. DJI도 드론 시스템과 운영체제를 결합한 플랫폼 제공으로 맞불을 놓았다. 현재 이 분야의 선두 주자는 '드론계의 마이크로소프트'로 일컬어지는 에어웨어Airware다. 이 회사는 최초로 하드웨어, 소프트웨어, 클라우드를 통합해 운영할 수 있는 드론 OS '항공 정보 플랫폼AIP'를 공개하였다. 일찌감치 에어웨어의 가치를 알아본 구글 벤처스, 인텔캐피털, GE는 이미 4천만 달러를 투자해두었다. 여기에 대응하는 연합군인 드론코드Dronecode에는 3D 로보틱스를 필두로 퀄컴, 바이두, 패롯 등 50여 개의 기업이 오픈소스로 운영체제를 구축하고 있다. 또 하나의 세력은 6천여 개발자들의 커뮤니티가 만들어가는 플랫폼인 오픈파일럿OpenPilot이다. 이미 시작된 플랫폼 전쟁의 승패가 드론계의 판세를 결정짓는 분수령이 될 것이다.

5장

상상 그 이상의 현실

3D 프린팅, 패션을 출력하다

#1 아이리스 헤르펜과 입체 인쇄술

2011년 『타임』이 뽑은 '올해의 50대 발명'에 네덜란드 패션 디자이너 아이리스 반 헤르펜Iris Van Herpen의 작품이 선정되었다. 인체의 골격을 형상화한 파격적 디자인으로 화제를 모은 이 의상은 3D 프린터로 플라스틱을 녹인 뒤, 한 겹 한 겹 쌓아 올린 것이다. 『타임』은 디자인과 3D 기술이 결합된 환상적인 패션이라며 격찬하였다. 가장 진보적인 디자이너로 손꼽히는 그는 "3D 프린팅이 전통적인 패션디자인의 한계에서 나를 자유롭게 해주었다"라고 말한다. 옷감 대신 3차원 인쇄를 통해 자신의 상상력을 표현하는 그는 20대에 이미 디자인계에서 독보적인 위치를 차지하였다. 미국의 3D 시스템즈3D Systems, 벨기에의 머티리얼라이즈Materialise 등 3D 프린팅 회사와의 협업을 통해 작품을 만들어가는 그는 패션계의 연금술사로 불린다.

2015년 파리에서 열린 마그네틱 모션 컬렉션에서 헤르펜이

아이리스 반 헤르펜의 작품

니콜로 카사스와 함께 선보인, 얼음조각과 같은 반투명의 크리스
털 미니드레스는 또 한 번 패션계의 이목을 집중시켰다. 이 작품
의 제작에는 3D 시스템즈의 고성능 프린터인 Pro X950가 사용되
었는데, 이 기계의 가격은 30만 달러가 넘는다. 3차원 스캔 데이터
를 기본 모델로 하여 앞판과 뒤판을 따로 만들어 붙인 이 드레스
는 출력에만 80시간이 넘게 소요되었다. 이후 8시간 정도의 마무
리 수작업을 거쳐 완성된 이 옷의 가격은 수천 달러를 호가한다.

헤르펜이 작업에 사용한 방식은 미국의 척 헐Chuck Hull이 개
발한 적층 방식이다. 3D 시스템즈의 창업자인 척 헐은 최초의 3D
프린터 'STL1'을 세상에 내놓아 3D 프린터의 아버지로 불리고 있
다. 당시 가구 회사를 다니던 그는 빛을 이용해 플라스틱 표면의
코딩제를 만들던 중 아이디어가 떠올랐다. 빛을 받으면 딱딱해지
는 액체 광경화 수지를 수조에 넣고 거기에 레이저를 쏘았더니 표
면이 얇게 굳었다. 경화된 층을 아래로 조금 내려 윗면을 액체에
담근 다음 다시 원하는 모양으로 레이저를 스캔하였다. 그는 이

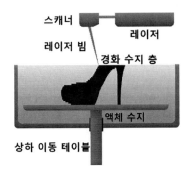

스캐너
레이저
레이저 빔
경화 수지 층
액체 수지
상하 이동 테이블

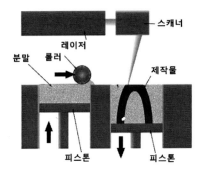

스캐너
레이저
분말
롤러
제작물
피스톤
피스톤

SLA 방식(위쪽)과 SLS 방식(아래쪽)

과정을 반복하며 얇은 막을 겹겹이 쌓아 만든 컵을 아내에게 선물
하였다. 척 헐은 1986년 특허 출원을 하고 3D 시스템즈라는 회사
를 설립하였다. 입체 인쇄술SLA, Stereolithography로 불리는 이 방식은 해
상도가 높아 세밀한 표현을 구현할 수 있는 것이 장점이다. 반면
에 가격이 비싸고 현재 사용하는 폴리머 소재의 강도와 내구성이
좋지 않아 상용 제품에는 적합하지 않다. 2004년에 SLA 방식의 특
허가 만료되어 최근에는 저가 제품도 출시되고 있다.

#2 가루 옷을 입는다

2013년 뉴욕에서는 모델 디타 본 티즈가 3D 프린터로 만든 고풍스러운 롱드레스를 입고 등장해 언론의 주목을 받았다. 디자이너 마이클 슈미트와 프란시스 비톤티의 협업으로 탄생한 이 작품은 3D 프린팅 서비스 회사인 셰이프웨이즈Shapeways에서 제작을 맡았다. 나일론을 소재로 만든 3천 개의 조각이 고리로 연결되어 있어 움직임이 편하다. 실제 착용할 수 있는 의상으로서의 가능성을 보여준 것이다. 그해 겨울, 빅토리아 시크릿의 패션쇼에서는 슈퍼모델 린제이 엘링슨이 천사의 날개로 장식한 란제리를 입고 런웨이를 걸었다. 빅토리아 시크릿의 트레이드 마크인 엔젤 윙은 프랙탈 구조로 눈꽃을 형상화한 것인데, 3D 프린터로 제작되었다. 그는 날개와 왕관, 수많은 스와로브스키 크리스털로 화려하게 장식된 부츠와 함께 작품을 마무리하였다.

마침내 샤넬도 2015년 고급 맞춤복을 선보이는 파리의 '오트 쿠튀르 컬렉션'에서 3D 프린팅을 접목한 10벌의 재킷과 스커트를 선보였다. 샤넬의 수석 디자이너 칼 라거펠트는 "패션이 살아남기 위해서는 시대의 흐름과 함께해야 한다. 잠자는 숲 속의 공주처럼 탑 속에만 있으면 잊힌다"라며 3D 프린팅이 패션 산업의 새로운 돌파구가 될 수 있기를 기대하였다.

이 세 명의 디자이너는 액체 수지 대신 분말 소재를 사용하여 쌓아 올리는 선택적 레이저 소결SLS, Selective Laser Sintering 방식을 적용하였다. SLS 방식은 롤러나 블레이드로 분말을 얇게 깔고 그 위에 원하는 패턴으로 레이저를 쬔다. SLA 방식보다 강력한 CO_2 레이저로 재료를 녹인 뒤 응고시켜 한 층을 만든다. 다시 분말을 깔

3D 프린팅 기술을 이용해서 만든 마이클 슈미트 · 프란시스 비톤티, 빅토리아 시크릿, 샤넬의 작품

고 레이저를 쏘는 과정을 반복해 한 겹씩 적층을 해나간다. 금속 분말을 주로 사용하지만 경우에 따라 플라스틱이나 세라믹 계통의 소재도 사용할 수 있다. 강도가 높고 정밀한 프린팅이 가능하지만 고가의 레이저와 롤러 등이 필요해 장비의 가격이 비싼 편이다.

#3 패션과 글루건

3D 프린팅은 전문가들만의 영역은 아니다. 최근 이스라엘 셴카칼리지의 디자인학과 학생들이 세상을 놀라게 하였다. 2014년, 런던의 3D 프린트 쇼에서는 최종 12개 팀이 '올해의 패션 디자이너 상'을 두고 경합을 벌였다. 수상의 영예는 셴카칼리지의 노아 라비브Noa Raviv에게 돌아갔다. 현실과 가상 세계가 혼재한 듯한 그의 졸업 작품 컬렉션 '하드 카피'가 패션 업계의 관심을 모은 것이다.

처음에는 자신이 디자인한 그리드 패턴과 기하학적 형상이 가상의 공간에서만 존재하는, 현실에서는 만들 수 없는 물체라고 생각했다. 결국 세계 최대 3D 프린터 회사인 스트라타시스Stratasys

와의 협업으로 그의 작품은 실제로 구현되었고 세상에 빛을 보게
되었다. 2015년에는 27세의 나이에 뉴욕과 파리에서 전시회를 열
며 패션의 본고장에서 화려하게 데뷔하게 된다. 2016년에는 메트
로폴리탄 모던 아트 전시회와 보스턴 박물관 전시까지 참여하며
촉망받는 스타 디자이너로 떠올랐다.

노아 라비브의 작품(왼쪽)과 대니트 펠렉의 작품(오른쪽)

1년 뒤, 센카칼리지에 청출어람의 후배가 나타났다. 디자인
학과 3학년 대니트 펠렉은 3D 프린터로 졸업 작품을 만들
고 싶었다. 당시에 그는 3D 프린터를 접해본 적이 없는 문외한으
로 모든 것을 처음부터 배워야 했다. 디자인 공유 사이트에서 파
일을 다운받아 아이디어를 더하고, 가정용 3D 프린터로 시제품을
만들며 밤을 새웠다. 졸업을 위해서는 9개월 내에 5종류의 의상을
만들어야 했다. 그러나 당장 소재부터가 문제였다. 기존에 사용하
던 PLA 소재는 전분을 사용한 친환경 재료였지만 부서지기 쉬워
의상용으로는 적합하지 않았다. 수소문 끝에 고무 성질이 있는 소

재 필라플렉스를 찾아 제작을 시작하였다.

이번에는 속도가 문제였다. 그는 6대의 프린터를 구해 24시간 가동했다. 출력을 하고 퍼즐과 같은 조각들을 모두 이어 붙여야 했다. 2015년 6월 작품을 완성하고 발표회를 하자『워싱턴 포스트』,『블룸버그』,『엘르』등 전 세계 언론이 그에게 찬사를 보냈다. 펠렉이 세운 기록을 간단하게 정리하면 이렇다. '가정용 3D 프린터로는 최초로 의상을 제작, 한 벌당 400시간씩 총 2천 시간 출력, 3D 프린터 문외한이 9개월 만에 3D 패션 컬렉션을 열고 27세에 디자이너로 명성을 얻음.' 그는 지금은 시작에 불과하지만 머지않아 누구나 집에서 옷을 프린팅해서 입을 날이 올 것이라며 환하게 웃었다.

그를 스타로 만들어준 3D 프린터는 플라스틱 재료를 녹여 치약처럼 짜면서 층층이 쌓는 방식으로 주변에서 흔히 볼 수 있는 장비이다. 20여 년 전 스캇 크럼프Scott Crumps는 글루건으로 딸에게 장난감을 만들어주다 3차원 프린트의 아이디어를 얻었다. 1989년에 특허를 출원하고 아내와 함께 스트라타시스라는 회사까지 차렸다. 용융 압출 조형FDM, Fused Deposition Modeling으로 이름 붙여진 이 방식은 레이저와 같은 고가 부품이 들어가지 않아 상대적으로 저렴하고 2009년 특허가 만료되면서 3D 프린터의 대중화를 이끌고 있다.

패션 산업을 통해 대표적인 세 가지의 3D 프린팅 방식에 대해 간략히 살펴보았다. 3D 프린팅은 4차 산업혁명의 주역이 될 것이라는 낙관론과 함께 한편에서는 과대평과되었다는 우려도 있다.

**책상 위의 공장,
3D 프린터**

김 부장의 인생 후반전

김 부장이 퇴직을 한 지도 벌써 1년이 지났다. 재취업을 하려고 여기저기 이력서도 내보았지만 불경기 탓인지 부르는 곳이 없다. 하루 세 끼 집에서 밥을 먹는 것도 눈치가 보이고 등산을 다니는 것도 시들해졌다. 그러던 중 창업을 지원하는 프로그램이 눈에 들어왔다. 관심을 가지고 찾아보니 정부와 각종 민간단체가 주관하는 교육 과정이 생각보다 많았다. 어차피 제2의 인생을 준비하려 했던 김 부장은 이번 기회에 무언가를 배워보기로 마음을 먹었다. 그중 큰 자본 없이 무엇이든 만들 수 있다는 3D 프린터가 전망이 밝아 보였다. 김 부장은 현역 시절의 실력을 발휘해 관련 자료를 조사하기 시작했다.

시장조사 업체 가트너는 3D 프린팅의 시장규모가 연평균 87%씩 성장해 2018년에는 134억 달러에 이르는 거대 산업이 될 것이라고 전망하였다. 미국 정부는 3D 프린터로 미국 제조업을 혁신하겠다며 발 벗고 나섰고, 우리 정부도 미래의 산업을 이끌 핵심 분야로 3D 프린터를 꼽았다. 『메이커스』의 저자 크리스 앤더슨은 3D 프린터가 디지털과 현실 세계를 연결해 4차 산업혁명을 완성할 것이라고 했다. DIY 수준의 데스크톱 제작Desktop Fabrication을 넘어 데스크톱 제조Desktop Manufacturing까지 가능해 일반인도 '책상 위의 공장Desktop Factory'을 소유하는 시대가 온다는 것이다. 공유경제의 부상을 알린 『한계비용 제로 사회』의 저자 제러미 리프킨은 3D 프린터가 대량생산에서 대중생산으로, 제조의 민주화를 이루는 수단이라고까지 말한다. 뉴스를 검색해보니 3D 프린터로 시제품은 물론이고 피자, 인체 장기, 자동차, 주택까지 출력한다는 기사들이 넘쳐났다. 김 부장은 여전히 녹슬지 않은 자신의 안목에 뿌듯해하며 3D 프린팅 교육 과정에 등록했다.

첫 시간은 입체 인쇄, 레이저 소결, 용융 압출과 같은 프린팅 방식과 여러 가지 소재에 대한 입문 교육이었는데 그런대로 재미가 있었다. 다음 시간부터 본격적인 제작이 시작되었다. 3D 프린팅을 시작하기 위해서는 먼저 만들고 싶은 물체의 3차원 도면

책상 위의 공장을 형상화한 모습

이 필요하다. 가장 손쉬운 방법은 인터넷에서 도면을 다운로드 해 그대로 출력하는 것이다. 스트라타시스의 자회사인 메이커봇 MakerBot에서 운영하는 싱기버스Thingiverse나 3D 시스템즈가 제공하는 큐비파이Cubify와 같은 공유 사이트에서 다양한 3D 모델을 무료로 사용할 수 있다. 그러나 저작권 문제가 불거지면서 게임이나 드라마의 캐릭터를 이용한 디자인을 등록하는 것은 허용되지 않는다. 클라우디아 응이라는 디자이너는 닌텐도의 포켓몬스터를 본뜬 화분을 3D 프린터 장터인 셰이프웨이즈에 등록했다가 법적 분쟁에 휘말린 적이 있다. 미국에서는 인기 드라마 〈왕좌의 게임〉에 나오는 의자를 모방해 만든 휴대폰 거치대의 디자인이 방송사 HBO의 요청으로 삭제된 사건도 있었다. 사업을 염두에 두고 있던 김 부장은 남들이 한 디자인이 아니라 자신의 아이디어로 제품을 만들고 싶은 마음에 용기를 내어 3D 모델링을 배워보기로 했다.

3D 스캐너 센스(왼쪽)와 스마트폰 스캐너 이오라(오른쪽)

먼저 3D 스캐너로 직접 사물을 스캔하여 3차원 데이터를 만드는 방법을 배웠다. 3D 스캐너는 물체에 빛을 쏘았을 때 반사되는 정보를 이용해 3차원 형상을 얻는 장비인데 요즘은 30~40

만 원대의 휴대용 제품도 출시되고 있다. 김 부장은 3D 시스템즈가 내놓은 보급형 스캐너 센스Sense를 사용해 여러 가지 물건들을 스캔해보았다.

무엇이든 뚝딱하고 실물 같은 3D 모델을 만들어줄 것으로 기대했는데 결과를 보니 조금은 실망스러웠다. 빛이 비치지 않는 곳이나 표면의 상태에 따라 여기저기 구멍이 생겨 손질을 해야 하고 정확한 치수로 복원하기도 어려웠다. 무엇보다 기존의 물건으로 모델을 만들다 보니 새로운 아이디어를 구현하는 데는 도움이 되지 않을 것 같았다. 마지막 방법은 컴퓨터로 직접 3D 모델을 만드는 것이다. 도면이라고는 그려본 적 없는 김 부장에게, 머릿속의 물체를 3차원으로 그리는 것은 쉬운 일이 아니었다. 시중에 나와 있는 오토캐드, 마야, 3D 맥스와 같은 전문 3D 모델링 소프트웨어로 제대로 배우려면 1~2년은 족히 걸릴 것 같았다. 머리가 아파왔다. 교육 일정이 촉박해 강사의 도움으로 간단한 컵 하나 만들고 얼렁뚱땅 모델링 과정을 마무리하였다.

다음은 FDM 방식의 프린터로 출력을 할 차례다. 플라스틱 재질인 ABS 수지를 고온의 노즐에서 녹인 뒤, 층층이 쌓아 모양을 만들어나갔다. 플라스틱이 녹으면서 환기가 잘되지 않을 때는 심한 냄새가 나기도 하였다. 최근 일리노이공과대학교에서 3D 프린터가 발암물질이 포함된 초미세먼지를 방출한다는 연구 결과가 보도된 적이 있어 신경이 쓰였다. 교육용으로 사용하는 저가형 프린터라서 그런지 출력 속도도 느렸다. 아이 주먹만 한 컵을 출력하는 데 하루 종일 걸렸다. 오후 늦게 드디어 컵이 나왔다. 쌓아 올린 층으로 생긴 결 때문에 표면이 거칠었다. 사포로 문질러 표

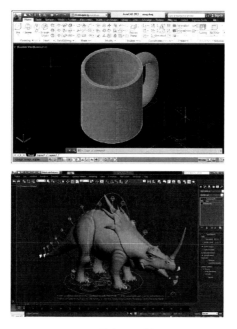

3D 모델링 소프트웨어

면을 매끄럽게 다듬고 스프레이로 색을 칠하는 후가공까지 모든 과정이 끝났다. 김 부장은 3D 프린터를 이용해 처음으로 만든 컵을 흐뭇하게 바라보았다.

수료증을 받고 그동안 고생한 동료들과 함께 송별회를 하였다. 삼겹살을 구우며 교실에서 하지 못했던 이야기보따리를 풀어놓았다. 취미로 배운 사람도 있었지만 김 부장처럼 새로운 사업 아이템을 찾기 위해 온 사람도 많았다. 다들 3D 프린터가 무궁무진한 가능성을 가진 신기술이란 주변의 이야기에 잔뜩 기대를 하고 왔다는 것이다. 짧은 기간의 교육이었지만 직접 접해보니 재미있었다는 반응도 있고 기대에 비해 실망스러웠다는 쪽도 있었다.

쓸 만한 장비는 아직 가격이 비싸고, 출력물은 상품으로 팔기에는 아직 품질이 떨어지는 것 같다며 김 부장도 한마디 거들었다. 수강 동기들과 헤어진 뒤 수료증과 컵을 들고 집으로 가는 김 부장은 발걸음이 무거웠다.

3D 프린터, 현실을 넘어

3D 프린터의 미래를 이야기하기 전에 현실을 돌아보는 의미에서 지인의 상황을 재구성해보았다. '제4차 산업혁명' '제조 혁명' '창업 혁명'으로 불리며 무한한 가능성을 지녔다는 평가를 받는 3D 프린터가 김 부장에게는 왜 먼 나라 일처럼 멀게 느껴졌을까. 우선 사물인터넷에서 언급했던 하이프 사이클을 다시 살펴보자. 2015년 기준으로 '기업용 3D 프린터'는 이미 시장의 주류로 자리 잡은 성장기에 진입했다. 그러나 '소비자용 3D 프린터'는 기대가 최고도에 달하는 거품기를 지나 실망으로 바뀌는 환멸기에 머물러 있는 상태다. 얼리 어답터에게 환영을 받는 초기 시장과 대중에게 확산되는 주류 시장 사이의 죽음의 계곡인 캐즘을 아직 넘지 못한 것이다.

시장 상황도 이를 반영한다. 시장 점유율 1, 2위 기업인 스트라타시스와 3D 시스템즈도 개인용 시장에서 어려움을 겪고 있다. 2013년 메이커봇을 인수하여 개인용 시장에 진출한 스트라타시스는 판매 부진으로 두 차례 감원을 했고 판매점 3곳의 문을 닫았다. 2015년 12월 3D 시스템즈는 시장 진출 3년 만에 데스크톱 3D 프린터의 생산을 중단한다고 발표하였다. 2014년에는 126달러를 기록하던 스트라타시스의 주식이 20달러대로 내려앉았고

3D 시스템즈는 90달러를 넘던 주가가 12달러 수준이 되었다. 여기에는 여러 가지 원인이 있지만 개인용 제품의 판매 부진도 한몫을 하였다. 가트너는 3D 프린터가 일반 소비자에게 보급되려면 5년에서 10년 정도가 걸릴 것이라고 예측하였다. 그러나 한편에서는 지금보다 100배 이상 빠른 프린터가 발표되고 다양한 신소재가 도입되면서 저렴한 가격의 제품이 쏟아지고 있다. 현재의 몇 가지 문제점이 개선된다면 예상보다 빠르게 시장이 커질지도 모른다.

3D 프린팅은 이제부터 시작이다

두 남자의 수다

"형, 김 부장 이야기 너무 뻔해. 재미없어." 별명이 자유로운 영혼인 후배 박 교수가 시비를 걸었다. 앞의 이야기 '책상 위의 공장, 3D 프린터'가 마음에 들지 않았던 것 같다. 글을 그렇게 밋밋하게 쓰지 말고 "3D 프린팅은 사기다!"라고 질러야 된다는 것이다. 중국 경제지에 칼럼을 연재하게 되어 '중국통'인 박 교수에게 자문을 구하러 간 날이었다. 학교 앞에서 양꼬치에 맥주를 마시며 대륙의 IT에 대해 수다를 떨다 불의의 일격을 당했다. 호시탐탐 반격의 기회를 노리다 "박 교수는 3D 프린터의 문제가 뭐라고 생각해?"라고 물었다.

예상 밖으로 대답이 시원찮았다. 요즘 제품들은 창의적이지 못하고 킬러 애플리케이션도 없다는 식의 일반적인 이야기를 늘어놓았다. 박 교수가 외국어나 전문용어를 많이 사용할 때는 그 이야기에 알맹이가 없을 가능성이 높다는 것을 알고 있었다. 이때

카본3D의 3D 프린터

다 싶어 두 번째 질문을 던졌다. "속도가 지금보다 100배나 빠른 3D 프린터가 나왔다는데 들어봤어?" 금시초문이라고 했다. 연구실에 칩거하더니 세상물정에 어두워진 것이 분명해 보였다. 기회를 놓칠세라 "4D 프린터로 찍으면 저절로 모양이 변한다던데, 혹시 본 적 있나?"라며 아는 척을 했다. 그러자 박 교수가 퉁명스럽게 한마디 했다. "그럼 이번에는 재미있게 한번 써보슈."

터미네이터와 3D 프린터

박 교수가 3D 프린터에 실망한 것은 아직 기대만큼 성과를 내지 못했기 때문인 것 같다. 그러나 최근의 기술 발전은 종종 축적된 기술이 한순간에 폭발하면서 도약하는 '퀀텀 점프Quantum Jump' 현상을 보인다. 먼 미래의 기술로 여겨지던 인공지능이 알파고의 등장으로 순식간에 전 세계의 이목을 끌어당기는 것을 봐도 그렇다. 몇 년 전만 해도 인공지능은 대접받는 분야가 아니어서 더욱 격세지감을 느낀다. 스마트폰도 2007년 아이폰이 나온 이후 채 10년이 되지 않아 스마트 빅뱅으로 대폭발을 일으켰다. 스마트홈,

스마트카, 스마트팩토리, 스마트시티, 스마트플래닛으로 이어지며 초연결 시대를 열어가고 있다. 이제는 한순간 흐름을 놓치면 생존을 보장하기 어렵다. 오죽하면 세계 최대 스마트폰 회사 CEO의 모토가 '졸면 죽는다'였겠는가. 3D 프린터도 마찬가지다. 시장 형성이 더디다고 냉소적으로 보아서는 위험하다.

2015년 3월, 국제적 과학 전문 주간지 『사이언스』에 '클립CLIP'이라는 초고속 3D 프린팅 기술이 발표되었다. 클립의 출력 속도는 기존의 제품보다 25배에서 최대 100배까지 빨랐다. 최근 공개한 영상에서 10cm 높이의 에펠탑 모형을 출력하는 데 6분35초밖에 걸리지 않았다. 3D 프린터의 약점으로 지적되던 속도 문제를 해결할 길이 열린 것이다.

이 기술을 개발한 노스캐롤라이나대학교의 조셉 데시몬 교수팀은 카본3DCarbon3D라는 벤처기업을 설립해 본격적으로 사업에 나섰다. 데시몬 교수는 지식 공유의 장인 테드TED 강연에서 영화 『터미네이터 2』에 나오는 액체 금속 로봇 T-1000을 보고 영감을 얻었다고 말했다. 대략적인 원리는 다음과 같다. 빛은 액체 광경화 수지를 굳게 하지만 산소는 액체가 굳는 것을 방해한다. 클립은 이 점을 이용해 수조 바닥에 콘택트렌즈와 같이 빛과 산소를 투과시키는 창을 설치했다. 이것이 비밀의 열쇠다. 이 창을 통해 산소를 주입하면서 자외선을 쏘면 액체 속에서 연속적으로 입체 형상이 만들어진다. 이 방식은 출력 속도도 빠르거니와 단층이 생기지 않아 출력물의 표면이 매끄럽고 강도가 높다.

자율주행 자동차와 드론 같은 새로운 사업의 파트너를 찾던 구글이 이런 회사를 놓칠 리 없다. 테드 강연에 참석했던 구글의 공동 창업자 레리 페이지와 세르게이 브린은 데시몬 교수를 만나 협상을 시작했다. 몇 개월 후 구글 벤처스를 통해 아직 제품도 출시하지 않은 신생 벤처기업인 카본3D에 1억 달러를 투자하였다. 구글은 "카본3D의 기술은 기존의 것과는 차원이 다르다. 제조업의 새로운 지평을 열어 3D 프린팅 시장을 폭발적으로 성장시킬 잠재력이 있다"라고 평했다. 포드는 이미 2014년부터 이 기술을 가져다 자동차 디자인과 새로운 부품 개발에 사용하기 위한 시험을 해왔다. 포드의 적층 제조 부문 리더인 엘렌 리는 "기존의 사출 성형으로 만든 제품에 견주어도 손색이 없다. 클립은 디지털 제조를 통해 자동차 소재와 그 응용 분야에 혁신을 가져올 것"이라고 말했다. 클립은 이 밖에도 3D 프린팅 소프트웨어의 1인자 오토데스크Autodesk, 의료 분야 적용을 시도하는 존슨앤존슨, 〈아이언맨〉과 〈어벤져스〉의 특수효과를 맡았던 할리우드의 레거시 이펙트Legacy Effect 등 여러 분야의 기업들과 협력을 진행 중이다. 미국의 『포브스』는 카본3D의 기업가치가 이미 10억 달러를 넘어섰다고 보도했다. 카본3D가 3D 프린팅의 흐름을 바꾸는 게임 체인저가 될 것인지 기대를 모으고 있다.

3D 프린터를 넘어

더울 때는 옷감 사이로 바람이 통하고, 추워지거나 비가 오면 빈틈을 메워 보온과 방수가 되는 옷이 있다면 어떨까. 프린터로 출력한 물건이 환경 변화에 따라 스스로 형태를 바꾸거나Self-Transformation 조립하는Self-Assembly 기술이 등장했다. 3D 프린팅에 시간에 따른 변화를 더해 4D 프린팅이라고 부른다. 이 기술은 2013년

4D 프린팅

미국 MIT의 교수 스카일러 티비츠Skylar Tibbits가 테드 강연을 통해 소개하면서 널리 알려졌다. 예를 들어 한쪽 면에서는 고온에서 팽창하는 물질을 프린트하고 반대편에는 온도에 변화가 없는 물질을 프린트한 판이 있다고 치자. 이 판을 뜨거운 곳에 두면 한쪽이 늘어나면서 변형이 생겨 휘게 된다. 이러한 방식으로 온도뿐만 아니라 물, 햇빛, 진동, 중력 등에 반응하는 소재를 이용하여 특정 조건에 딱 들어맞는 모양을 만드는 것이다. 미 육군은 자가 조립 무기와 스텔스 기능의 전차나 군복과 같은 걸 제작할 수 있는 군사용 4D 프린팅 기술을 개발 중이다.

프랑스의 항공기 제작 회사 에어버스는 MIT의 티비츠 교수와 함께 비행 조건에 따라 형태가 변하는 제트 엔진 부품을 만들고 있다. 시장조사 기관 프로스트 앤 설리번은 「4D 프린팅의 발전Advances in 4D Printing」이라는 제목의 보고서를 통해 4D 프린팅이 헬스케어, 자동차, 항공, 우주 산업에 이르기까지 비즈니스 환경에 커다란 변화를 가져올 것이라고 전망했다. 아직은 도입기로 사업성을 말하기는 이르지만 스마트 소재나 소프트웨어 설계와 같은 원천 기술은 미리 확보해야 한다. 2~3년이 지나면 선발 주자들이 특허를 지뢰밭 같이 깔아놓아 접근조차 어려울 수가 있기 때문이다.

3D 프린팅, 이제부터 시작

3D 프린팅 시장 확대의 걸림돌로 지적받던 소재의 한계 문제도 해결의 실마리가 보인다. 지금까지 주류를 이루었던 플라스틱 재질의 ABS나 PLA 수지 외에 금속, 종이, 세라믹, 바이오 소재 등으로 그 영역이 넓어지고 있다. 특히 최근에는 알루미늄, 니켈 합금, 티타늄과 같은 금속 소재의 종류도 다양해졌다. 소재의 변화에 따라 사업 아이템도 패션 소품이나 피규어와 같은 생활용품부터 건축, 의료, 자동차 산업으로 확대되었다. 소프트웨어와 서비스 사업의 비중도 커졌다. 2014년 빅데이터 분석 업체 애피니언스는 3D 프린팅 분야에서 가장 영향력 있는 기업 10곳을 선정했다. 그중 프린터를 제조하는 회사는 스트라타시스, 3D 시스템즈, 메이커봇 3곳뿐이었다. 1위는 소프트웨어 기업인 오토데스크가 차지하였고 2위는 온라인 스토어를 개설한 아마존이었다. 3D 프린팅 산업은 하드웨어와 소재 중심에서 소프트웨어, 서비스, 플랫폼을 포함하는 거대한 생태계를 만들어가고 있다. 물론 아직은 주류 시장으로 진입하는 관문인 캐즘을 넘지는 못한 것이 사실이다. 그러나 머지않아 거품이 빠지는 환멸기가 끝나고 재조명을 받는 각성기를 거쳐 성장기에 접어들 것이다. 3D 프린팅은 현실 세계와 디지털 세계를 이어주는 연결고리이다. 그 사이에는 수많은 변화와 기회가 있다. 생태계 전체를 바라보며 어려운 현실을 타개할 기회를 찾기 바란다. 그 시작으로 3D 프린터로 작은 소품이라도 직접 만들어보면 어떨까. 끝으로 박 교수에게도 한마디 해야겠다. "이봐, 3D 프린팅은 이제부터 시작이야!"

가상현실의 부활

IT 거인과의 만남

2014년 1월, 페이스북 CEO 마크 저커버그는 오큘러스 VR Oculus VR이라는 스타트업을 방문하였다. 이 회사는 팔머 럭키Palmer Luckey라는 청년이 19세에 창업해 채 2년이 되지 않은 가상현실VR, Virtual Reality 벤처기업이었다. 저커버그는 회사를 둘러보다 팔머 럭키가 만들고 있던 VR 헤드셋을 써보더니 탄성을 질렀다. 그로부터 2개월 뒤 그는 자신의 페이스북 계정을 통해 오큘러스 VR을 인수하겠다는 소식을 전했다. 아직 변변한 제품도 없는 신생 기업에 20억 달러를 투자한다는 소식에 일각에서는 페이스북의 돈놀이라고 비아냥거렸다. 이에 아랑곳하지 않고 저커버그는 "모바일은 현재의 플랫폼이고, 이제는 미래의 플랫폼을 준비해야 한다"라며 팔머 럭키와 손을 잡았다.

21세의 팔머 럭키는 죽었던 가상현실을 되살린 천재로 소개되면서 스포트라이트를 한 몸에 받았다. 2015년 1월에는 미국

마크 저커버그(왼쪽)와 팔머 럭키(오른쪽)

경제지 『포브스』가 선정하는 30세 이하 영향력 있는 30인의 표지
를 장식하였다. 그해 연말에는 최연소 기록을 갈아치우며 미국의
'40세 이하 갑부 기업인'에 26위로 등극하였다. 『타임』은 그의 성공
을 커버스토리로 다루며 가상현실의 미래에 대한 특집 기사를 내
보기도 했다. 그 후에도 팔머 럭키는 헐렁한 하와이안 티셔츠에
샌들을 신고 다니며 작업실에서 헤드셋 만들기에 여념이 없다. 평
소 예의 바르고 긍정적인 젊은이로 평이 자자한 그의 주변에는 이
전부터 '귀인'들이 많이 몰려들었다. 『포브스』는 그의 이름이 행운
을 뜻하는 럭키와 비슷해서 그렇다고 농담을 했다. 그의 성공 비
결을 들여다보자.

천재와의 만남

캘리포니아 롱비치에서 태어난 럭키와 3명의 동생은 정규
교육 대신 집에서 홈스쿨링으로 공부를 하였다. 용감한 부모님 덕
분에 그는 자신이 하고 싶은 일을 마음껏 하며 자랐다. 『워싱턴포

스트』와의 인터뷰에서 "홈스쿨이 아니었으면 지금의 오큘러스는 없었을 것"이라고 말했다. 십 대 때는 PC 게임과 비디오 게임에 빠져 살다시피 했다. 어떻게 하면 더 신나게 게임을 할 수 있을까 생각하다 모니터 속 세상으로 들어가기로 했다. 공상과학 영화와 책을 보면서 가상현실에 눈을 뜨기 시작한 것이다. 인터넷 강의를 듣고 지역 커뮤니티 칼리지에서 전자 공학을 배우며 게임기를 만들기도 했다. 아이폰을 수리해서 번 돈으로 50개가 넘는 가상현실 헤드셋을 사보았지만 하나같이 마음에 들지 않았다.

팔머 럭키

마침내 그는 차고의 한쪽 구석에서 뚝딱거리며 직접 헤드셋을 만들기 시작했다. 2011년, 18세가 되던 해 테이프와 실리콘이 덕지덕지 붙은 첫 번째 시제품이 탄생했다. 다음 해, 6번째 시제품이 완성되었고 현실과 가상 세계를 이어준다는 의미로 '리프트Rift'라고 이름을 붙였다. 평소 시제품의 결과를 올리던 인터넷 모임의 한 회원이 리프트를 한번 사용해볼 수 있는지 물었다. 그는 마이크로소프트의 빌 게이츠가 그렇게도 탐내던 게임 업계의 살아 있는 전설 존 카맥John Carmack이었다. 명작 게임 〈둠〉과 〈퀘이크〉를 만든 천재 프로그래머이자 이드 소프트웨어id Software의 창업자인 그가 연락을 해온 것이다. 두 달 후 존 카맥은 로스앤젤레스에서 열린 국제 게임 엑스포E3에서 리프트로 〈둠 3〉를 선보였고 관객들은 환호했다. 2013년에 존 카맥은 이드 소프트웨어를 떠나 오큘러스 VR의 CTO로 자리를 옮겨 가상현실의 전도사가 되었다.

창업의 길

입소문은 참 빠르다. E3에서 리프트가 소개된 뒤 게임 회사 가이카이의 최고 제품 책임자인 브랜든 이리브가 투자를 하겠다고 나섰다. 롱비치의 힐튼 호텔에서 만나 리프트의 시연을 하는 날이었다. 약속 시간이 한참 지나 헐렁한 티셔츠에 샌들을 신고 옆구리에는 헤드셋 박스를 든 럭키가 나타났다. 브랜든 이리브는 리프트를 머리에 쓰자마자 놀라움에 연신 함성을 질렀다. 2012년 6월 라틴어로 눈이란 뜻을 가진 오큘러스 VR이 설립되었다. E3에서 존 카맥의 발표 이후 창업까지 채 한 달이 걸리지 않았다. 럭키는 자신이 경영자로는 소질이 없다며 브랜든 이리브를 CEO로 모셔왔다. 자신은 아무런 타이틀 없이 다시 연구실로 들어갔다.

그해 8월에는 가상현실기기 200~300개를 만들기 위해 크라우드 펀딩 사이트인 킥스타터에서 모금 캠페인을 시작하였다. 2시간 만에 목표 금액인 25만 달러를 달성했고 최종 모금액은 당초 예상의 10배에 이르는 240만 달러를 넘어섰다. 럭키는 사석에서 "그 캠페인으로 돈을 벌려고 한 것이 아니었다. 목표는 부품 값, 제작비, 킥스타터 수수료를 제하고 피자와 맥주로 자축하기

킥스타터 캠페인

위해 10달러 정도를 남기는 것이다"라고 했다. 그 이후 본격적인 투자가 이어졌다. 2013년에는 세계적인 벤처캐피털사인 안데르센 호로비츠를 통해 1차 펀딩 라운드에서 1천6백만 달러, 2차 라운드 에서 7천500만 달러의 투자를 성사시켰다. 이곳에 또 한 명의 숨 은 조력자가 있었다. 펀딩을 담당했던 투자사의 크리스 딕슨은 페 이스북의 마크 저커버거에게 오큘러스 VR을 소개했고 이 인연은 마침내 20억 달러의 초대형 인수로 이어졌다. 이 모든 것이 오큘 러스 리프트Oculus Rift가 세상에 나온 후 4년 만에 일어난 일이었다.

차고에서 무슨 일이 있었을까

어떻게 이런 기적 같은 일이 일어났는지 오큘러스 리프트 속으로 들어가 보자. 지금까지의 VR 헤드셋의 효과는 어두운 방에 서 고정된 TV를 보는 것과 크게 다르지 않은 느낌이었다. 럭키는 실제 세상처럼 가상현실에서도 고개를 돌리면 바라보는 곳에 있 는 적들에게 총을 쏘며 게임을 하고 싶었다. 마침 스마트폰에 사 용되는 가속도 센서, 자이로 센서와 같이 움직임을 측정하는 부품을 쉽게 구할 수 있었다. 머리가 움직이는 방향을 알아낸 다음 그 방향의 영상을 눈앞의 디스플레이에 뿌려주었다. 그러고 나서 헤드셋을 쓰고 사방을 둘러보니 바라보는 곳의 풍경이 눈앞에 펼쳐졌다. 18세의 럭키는 차고에서 가상현실 헤드 트래킹VR Head Tracking 기술을 만들고 있었던 것이다. 사용자가 고개를 돌려 다른 쪽을 바라보는 0.02초 사이에 이 모든 것을 처리해야 했다. 머리의 움직임과 화면의 움직임에 시차가 커지면 어지러움을 느끼게 된다. CPU/GPU와 같은 컴퓨터 칩의 성능이 좋아지고 디스플레이의 응답 속도가 빨라지면서 '사이버 멀미Cybersickness' 문제는 점차 나아지고 있다.

오큘러스 리프트: ① 렌즈, ② 디스플레이, ③ 헤드 트래킹

럭키는 지금까지의 답답한 화면 대신 탁 트인 시야의 실감 나는 가상현실을 만들고 싶어졌다. 고민 끝에 화면을 반으로 나누고 그 앞에 돋보기와 같은 어안렌즈Fish Eye Lens를 달아 입체 영상을

만들었다. 화면이 커지고 시야각이 넓어졌다. 그런데 여기서 또 문제가 생겼다. 어안렌즈를 사용하다 보니 볼록 거울에 비친 모습처럼 화면이 틀어져서 보였다. 지금까지는 여러 개의 렌즈를 사용한 고가의 광학 장치로 이 문제를 해결해왔다. 럭키의 아이디어가 다시 한번 빛을 발한다. 그는 고가의 광학 장비 대신 영상 처리 소프트웨어 기술로 왜곡된 화면을 반듯하게 만들었다. 드디어 럭키는 가상현실 속으로 뛰어들어 신나게 게임을 할 수 있게 되었다. 존 카맥, 브랜든 이리브 그리고 마크 저커버그의 마음을 움직인 것이 바로 이 오클러스 리프트였다. 팔머 럭키라는 청년을 통해 다시 빛을 본 가상현실이 세상을 뒤흔들고 있다. 다음에는 또 한 번의 IT 대전을 준비하고 있는 기업과 여전히 사람들이 의심의 눈초리로 바라보는 이야기를 들어보자.

증강현실,
가상현실 너머의 세계

수상한 회사, 매직리프

체육관 바닥에서 고래가 튀어나왔다. 거대한 물보라를 일으키며 육중한 몸이 천장까지 솟구쳤다. 고래가 파도 속으로 몸을 날리자 체육관은 순식간에 물바다가 되었다. 눈앞에서 펼쳐지는 마술과 같은 광경에 관중석에서는 환호가 터져 나왔다. 이내 아무 일 없었던 것처럼 고래는 사라지고 마른 바닥이 드러났다. 한동안 IT 업계를 뜨겁게 달구었던 증강현실 스타트업 매직리프Magic Leap의 소개 영상 내용이다. 증강현실AR은 실제 세계에 가상의 이미지를 겹쳐서 보여주는 기술이다. 2015년 판매가 중단된 구글 글라스는 대표적인 AR기기였다. 최근에는 마이크로소프트도 홀로렌즈HoloLens라는 AR 헤드셋을 공개하였다. 가상현실은 오큘러스 리프트나 삼성 기어 VR과 같이 헤드셋을 쓰면 바깥을 볼 수가 없다. 가상현실은 외부와 차단된 상태에서 컴퓨터로 만들어진 가상의 세계를 경험하는 것이 증강현실과 다른 점이다. 최근에는 360도를 촬

영하는 카메라로 만든 영상도 가상현실이라고 불려 가상과 증강
의 구분이 모호해지고 있다.

매직리프 소개 영상

매직리프의 동영상을 보면 무엇이 가상이고 무엇이 현실인
지 구분하기가 어렵다. 공개된 홍보 영상 몇 개 외에는 알려진 것
이 없어 조작된 것이라는 의심을 받기도 했다. 3D 선샤인3D Sunshine
사의 창업자인 스티븐은 『허핑턴 포스트』를 통해 매직리프가 미래
의 내러티브(이야기)를 팔아먹는다며 '벌거벗은 임금님' 우화에 빗
대어 꼬집었다. 『뉴스위크』도 이 회사가 아무런 기술도 없이 허풍
을 떤다는 전문가들의 의견을 보도하며 의혹을 제기했다. 가상현
실 시대, 태풍의 눈으로 떠오르고 있는 수상한 회사 매직리프의
진실은 무엇일까.

마이애미 해변에 있는 벤처기업인 매직리프의 투자자들을
살펴보면 궁금증이 더욱 커진다. 2014년 구글은 본사가 나서 이
회사에 대한 투자를 주도하였다. 컨소시엄에 참여한 기업도 칩 메
이커 퀄컴, 세계적 투자사 안데르센 호로비츠, 미국의 대표적인
사모펀드 KKR 등 쟁쟁하다. 그해 10월, 매직리프는 5억4천200만

달러의 기록적인 펀딩을 성사시켰다. 이뿐만 아니라 당시 수석 부사장이었던 구글의 CEO 순다르 피차이가 이사회에 참여하고 퀄컴의 폴 제이콥스 회장도 옵저버로 이름을 올렸다. 무명의 매직리프는 12억 달러의 기업가치를 인정받으면서 한순간에 유니콘(기업가치가 10억 달러가 넘는 스타트업)으로 등극하였다. 또한 2016년 2월에는 중국 최대 전자상거래 업체 알리바바와 워너브라더스, JP모건, 모건스탠리 등 막강한 투자사들이 참여한 펀딩에서 8억 달러에 이르는 신규 투자를 받았다. 1, 2월 두 달간 가상현실 업계 전체 투자액인 11억 달러의 70%가 넘는 금액이다. 이번 투자로 매직리프의 기업가치는 45억 달러가 되었다. 불과 몇 개월 사이에 4배 가까이 뛴 것이다.

베일에 싸인 기업이라고 불리는 이 회사를 조사하던 중 몇 가지 단서가 포착되었다. 첫 번째로, 2015년 『MIT 테크놀로지 리뷰』는 올해의 '10대 혁신기술10 Breakthrough Technologies'로 매직리프를 선정하였다. 심사단들이 본 내용의 일부가 알려지면서 윤곽이 드러났다. 두 번째로 최근 공개된 매직리프의 특허를 통해 기술이 알려졌다. 350쪽의 방대한 내용으로 특허 항목만 703개에 이른다. 세 번째는 중국 텐센트의 QQ에 올라온 '매직리프, 어쩔 수 없이 밝힌 비밀'이라는 구글 연구원과 뉴욕대학교 교수의 강좌 내용이다. 이 세 가지 단서를 간단히 요약하였다.

매직리프의 비밀

매직리프의 CEO 로니 애보비츠Rony Abovitz는 우주복을 입고 테드 강연을 하고 록그룹에서 기타를 연주하기도 한다. 신문에 만화를 기고하고 집 안에 온갖 동물을 키우는 등 자유분방하고 기발한 인물로 유명하다. 2004년에는 수술 로봇 회사 마코서지컬^{MAKO}

화를 기고하고 집 안에 온갖 동물을 키우는 등 자유분방하고 기발한 인물로 유명하다. 2004년에는 수술 로봇 회사 마코서지컬^{MAKO Surgical}을 설립하였다. 이 회사의 수술 로봇 리오^{Rio}에는 국내 기업 큐렉스의 특허가 적용되어 한국과도 인연이 깊다. 그는 촉감을 전달하는 로봇팔을 개발하던 중 환자의 뼈를 보면서 수술에 적용 가능한 가상현실에 관심을 갖게 되었다. 기존의 가상현실기기들로 시도를 해보았지만 모두 실망스러웠다. 마침내 애보비츠는 새로운 기술을 찾아 나섰다. 그러던 중 워싱턴대학교의 교수 에릭 세이벨^{Eric Seibel}을 만나게 되었고 그와의 만남은 애보비츠를 증강현실의 세계로 이끌었다.

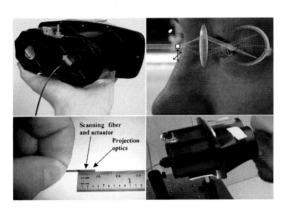

망막 레이저 디스플레이

세이벨은 혈관 속을 볼 수 있는 초소형 내시경을 연구하던 중 기가 막힌 아이디어가 떠올랐다. 내시경은 몸속을 촬영할 때 사용하는 일종의 카메라이다. 그는 거꾸로, 내시경으로 빛을 쏘아 빔 프로젝터처럼 영상을 만드는 증강현실기기를 생각했다. 2010

년 세이벨 교수가 발표한 내시경은 직경이 1mm에 불과했다. 렌즈를 통해 이 가느다란 관에서 나오는 빛을 직접 망막에 쏘아 영상을 만드는 것이다. 그러면 현실 세계에서 들어오는 빛과 컴퓨터가 만든 가상의 빛이 뒤섞여 사람의 눈은 이 둘을 구분할 수 없게 된다. 체육관에서 튀어나온 고래는 이런 식으로 만들어진 영상의 데모 버전이다. 세이벨 교수의 시제품을 본 애보비츠는 2011년 매직리프를 설립하고 본격적으로 증강현실의 세계로 뛰어들었다. 2013년에는 마코서지컬을 16억5천만 달러에 매각하고 매직리프에 올인하였다. 이후 얼마나 많은 발전이 있었는지는 아직까지 공개되지 않고 있다.

애보비츠가 공개를 망설이는 것은 신비주의 전략이라기보다는 말 못할 사정이 있기 때문일 것이다. 몇 가지 짐작을 해보았다. 우선 냉장고만 한 크기에 이르는 지금의 장치를 몸에 착용할 만큼 작게 만들기가 쉽지 않을 것 같다. 그리고 지금까지는 실내에서 시연하였고 또 성공적이었지만 그보다 수백, 수천 배 이상 밝은 태양빛 아래에서도 영상이 제대로 보일지도 의문이다. 무엇보다 레이저를 눈에 직접 쏘는 것이 걱정스럽다. 신체에 영향이 없을 정도로 약한 레이저를 사용한다고 하지만 아직 의학적으로 검증된 결과는 없다. 그 밖에도 좁은 시야각, 선명도, 반응 속도 등 넘어야 할 산이 많다. 페이스북이 오큘러스 VR을 인수할 때 후원했던 스파크캐피털은 "매직리프의 증강현실은 낙관적으로 보이지만 매우 오랜 시간이 걸릴 것"이라고 예상했다. 그러나 애보비츠는 "디지털과 물리적 현실 세계를 융합해 새롭고 놀라운 세상을 만들겠다"라고 자신 있게 말한다. 구글, 퀄컴, 알라바바는 그 미래를 확신하고 매직리프에 수억 달러를 투자한 것이다.

현실 속의 증강현실

증강현실의 대명사로 불리던 구글 글라스는 현재 판매가 중단된 상태지만 재기를 노리고 있다. 구글에 인수된 네스트의 창업자 토니 파델Tony Fadell이 구글 글라스를 맡으면서 산업용을 겨냥한 엔터프라이즈 버전을 준비하고 있다. 에릭 슈미트 구글 회장도 매직리프에 투자한 이후 "구글 글라스 사업을 포기하지 않았다"라고 재천명했다. 마이크로소프트는 증강현실기기 홀로렌즈의 예약판매를 시작하였다. 전문가들은 홀로렌즈를 가상현실기기인 오큘러스 리프트보다 한 수 위의 제품으로 평가하고 있다. 홀로렌즈를 쓰면 게임 속의 인물이 튀어나오고 벽면에는 가상의 TV가 나타난다. 테이블 위에서 미식축구를 관람하고 마인크래프트Minecraft로 게임을 할 수도 있다.

증강현실은 이미 우리 생활 속에 가까이 와 있다. 그래픽 화면 앞에서 진행하는 일기예보나 선거 중계방송도 증강현실 기술을 사용한 것이다. 자동차의 앞 유리에 교통 정보를 보여주는 헤드업 디스플레이HUD도 중요한 증강현실기기이다. 이는 아이언맨이 쓴 헬멧 안에 나타나는 화면이나 영화 〈마이너리티 리포트〉에서 톰 크루즈가 허공의 스크린을 손으로 조작하는 것과 같이 SF 영화의 단골 소품으로도 등장한다. 스마트폰을 이용한 증강현실 서비스도 재미있는 것이 많다. 이케아Ikea의 AR 앱과 카탈로그를 이용하면 미리 가구를 배치해볼 수 있다. 어떤 색상과 디자인이 우리 집에 어울릴지 고민하는 소비자의 가려운 곳을 긁어주는 서

이케아 AR 앱(위쪽)과 구글 모바일 번역기(아래쪽)

비스이다. 해외여행을 하다 보면 길거리의 안내판이나 식당의 메뉴를 읽지 못해 어려움을 겪을 때가 있다. 구글이 인수한 퀘스트 비주얼Quest Visual에서 개발한 워드 렌즈Word Lens라는 앱은 이런 걱정을 덜어준다. 스마트폰으로 외국어 글자를 비추면 자동으로 번역해주는 AR 기능 덕분이다. 증강현실은 그 외에도 교육, 국방, 의료, 공공 서비스 분야로 점차 확대되고 있다. 게임과 같이 단절된 가상공간에서 사용하는 가상현실에 비해 응용 분야가 넓어 시장 전망도 밝다. 컨설팅 전문 업체 디지캐피털에 따르면 2020년 증강현실 시장은 1천200억 달러로 300억 달러인 가상현실의 4배에 달한다. 이 거대 시장을 향해 선두 기업들은 전력질주를 하고 있다. 우리는 지금 무엇을 준비하고 있는지 다시 한번 돌아봐야겠다.

가상현실,
꿈과 현실 사이

엔더스 게임

외계 종족 '포믹'이 지구를 침공하였다. 전략 시뮬레이션 게임 〈스타크래프트〉의 저그족을 닮은 포믹과의 전쟁으로 지구는 쑥대밭이 되었다. 가까스로 살아남은 자들은 우주함대를 구축해 대항에 나선다. 전투는 컴퓨터 시뮬레이션 게임과 다를 바가 없었다. 지구에서는 아이들을 뽑아 혹독한 훈련과 경쟁을 통해 미래의 가상현실 병사로 키우고 있었다. 아사 버터필드가 연기한 엔더는 여섯 살 때 처음 훈련소에 들어와 어느덧 열두 살이 되었다. 해리슨 포드가 역할을 맡은 그라프 대령은 그의 재능을 알아봤다. 그를 함대 사령관으로 만들기로 작정하고 드래곤팀의 리더로 발탁한다. 엔더와 팀원들은 실전을 방불케 하는 전투 시뮬레이션 게임을 치르며 최후의 일전을 준비한다. 드디어 마지막 가상훈련을 하는 날이다. 유리 벽 안에는 그라프 대령과 군 장성들이 훈련을 참관하기 위해 모여 있었다. 여기서 승리하면 엔더는 우주함대의 사령관이 되는 것이다.

　게임이 시작되고 포믹의 함대가 눈앞에 나타났다. 스크린 속의 적들은 공격을 하지 않고 머뭇거렸다. 엔더는 오케스트라 지휘자처럼 가상현실 모니터 앞에 서서 공격 명령을 내렸다. 수많은 드론이 적함으로 돌진하였지만 추풍낙엽처럼 격추되었다. 엔더는 작전은 바꾸어 여왕이 살고 있는 포믹의 행성을 직접 공략하기로 한다. 지구 함대를 드론으로 방패처럼 겹겹이 둘러싸고 적진을 돌파하였다. 마침내 목표물이 시야에 들어오고 엔더는 발사 명령을 내렸다. 행성은 순식간에 불바다가 되었다. 포믹은 전멸하였고 게임은 끝이 났다. 아이들은 승리의 환호를 지르며 얼싸안았다. 그러나 그들은 곧 이것이 게임이 아니라 실제 상황이란 것을 알고 망연자실한다. 엔더는 자신 때문에 희생된 아군에 대한 미안함과 무고한 종족을 처참하게 몰살시킨 죄책감으로 괴로워한다. 어른들이 아이들을 속인 것이다. 결국 유일한 생존자인 포믹의 작은 생명체에게 보금자리를 찾아주기 위해 엔더는 머나먼 우주로 떠난

영화 〈엔더스 게임〉

다. 1985년 오슨 스콧 카드Orson Scott Card의 SF 소설을 영화화한 〈엔더스 게임〉의 한 장면이다. 30여 년 전 작가는 오늘의 우리에게 어떤 메시지를 전하고 싶었을까. 현실과 구분할 수 없는 가상 세계의 위험을 경고한 것은 아닐까. 신기함과 재미를 앞세워 쏟아져 나오는 가상현실기기들을 살펴보며 몇 가지 문제들도 함께 생각해보자.

가상현실 전쟁의 서막

실리콘 밸리에서 시작된 가상현실 태풍이 IT 업계를 휩쓸고 있다. VR 헤드셋과 같은 디바이스부터 콘텐츠, 유통 플랫폼, 초고속 네트워크에 이르기까지 생태계 전반의 주도권 싸움이 치열하다. 전투는 늘 디바이스에서 시작된다. 스마트폰용, PC용, 게임 콘솔용 디바이스 세 진영이 대립의 각을 세우고 있다.

먼저 스마트폰 쪽을 들여다보자. 구글은 2014년에 골판지를 접어서 만드는 보급형 VR기기 카드보드Cardboard를 선보였다. 스마트폰의 크기에 관계없이 사용할 수 있고 가격도 15달러로 저렴해 500만 대가 넘게 팔렸다. 최근에는 스마트폰 카메라로 VR 영상을 촬영할 수 있는 카드보드 카메라 앱을 무료로 배포했다. 기업들은 이 신기한 물건을 재빠르게 마케팅에 활용했다. 맥도널드, 코카콜라, 맥주 회사 베커는 제품의 포장 박스로 만드는 VR기기를 선보이며 홍보에 열을 올렸다. 사용자를 늘려 플랫폼을 장악하려는 구글의 전략이 돋보인다. 이어서 유튜브에 360도 카메라로 촬영한 동영상을 올릴 수 있도록 하여 콘텐츠까지 확보하기 시작했다. 삼성전자의 기어 VR이나 가성비의 최고봉인 중국의 폭풍마경暴风魔镜도 스마트폰을 가상현실 화면으로 사용하는 기기들이다.

두 번째는 컴퓨터에 연결해서 사용하는 PC용 VR기기이다. 오큘러스 리프트와 HTC의 바이브Vive가 대표적 제품이다. 600달러에 판매를 시작한 오큘러스는 알래스카에 사는 1호 고객에게 창업자 팔머 럭키가 직접 배송해 또 한 번 화제를 모았다. HTC는 최고의 성능을 자랑하는 바이브를 내놓으며 1억 명의 사용자를 보유한 미국의 게임 회사인 밸브Valve와 손을 잡았다. 헤드셋과 위치 추적 컨트롤러를 포함해 800달러에 내놓으며 하이엔드High End 시장을 노리고 있다. 하지만 PC용 VR기기는 성능은 우수하지만 가격이 비싸고 고사양의 컴퓨터가 필요해 일반 사용자에게 확산되기는 쉽지 않아 보인다.

바이브(위쪽)와 플레이스테이션 VR(아래쪽)

　마지막으로 게임용 콘솔 진영이다. 대표 주자인 소니는 자사의 게임 플랫폼인 PS4 전용기기인 플레이스테이션 VR을 공개하였다. PS4는 전 세계적으로 이미 3천6백만 대 이상 판매되어 충성도가 높은 고객층을 확보하고 있다. 10월 시판 예정인 이 제품의 가격은 400달러로 PC용보다 저렴하다. 그 밖에 마이크로소프트의 홀로렌즈와 같이 컴퓨터나 게임 콘솔에 연결하지 않고 단독으로 사용하는 제품도 있다. 헤드셋 외에도 360도 촬영을 할 수 있는 VR 카메라, 위치입력 장치인 컨트롤러, 가상현실 속을 돌아다닐 수 있는 전방위 트레드밀Omnidirectional Treadmill과 같은 주변 장치 시장도 생겨나고 있다. 현실과 구분할 수 없는 가상현실을 만들기 위한 경쟁에 불이 붙었다. 한 치 앞도 내다볼 수 없고 끝도 보이지 않는 가상현실 전쟁이 시작된 것이다.

유토피아 vs 디스토피아

2016년 2월, 스페인 바르셀로나에서 세계 최대의 모바일 제품 전시회인 모바일 월드 콩그레스MWC가 개최되었다. 가상현실이 스마트폰과 스마트워치를 밀어내고 주인공 자리를 차지했다. 전 세계 IT 기업들은 VR기기들을 쏟아냈고 당장 내일이라도 가상현실의 세상이 올 것만 같았다. 그러나 한편으로는 영화 〈아바타〉 때문에 얼떨결에 떠밀려 시장에 나왔다가 참패를 당한 3D TV가 떠오르기도 한다. 『LG Business Insight』에 수록된 「끝없는 가능성을 향해 열리고 있는 가상현실의 문」에서는 VR이 3D TV와는 다른 길을 걸을 것이라고 전망했다. 다른 점도 있고 닮은 면도 있겠지만 문제는 가능성이 실현되는 그때가 언제인지 알기 어렵다는 것이다.

오큘러스 VR에 20억 달러를 투자하고 "가상현실은 페이스북의 미래"라고 한 마크 저커버그의 이야기를 들어보자. 그는 최근 IT 전문 매체 『비즈니스 인사이더』와의 인터뷰에서 이렇게 말했다. "솔직히 가상현실 생태계를 구축하는 데 얼마나 오래 걸릴지 모르겠다. 5년이 될 수도 10년이 될 수도 있고 어쩌면 15년, 20년이 걸릴 수도 있다. 내 생각으로는 최소한 10년은 걸릴 것 같다."

일부 기업들의 장밋빛 전망보다 오히려 솔직한 이 한마디가 더 마

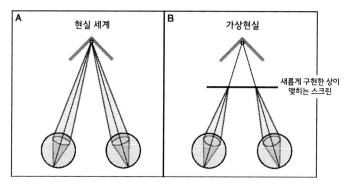

현실 세계을 볼 때와 가상현실을 볼 때의 시각기능 차이

음에 와 닿는다.

사용자들 역시 마냥 좋아할 수만은 없는 상황이다. VR 쇼핑, VR 영화, VR 여행, VR 교육과 같이 가상현실이 그리는 환상적 미래의 이면에는 어두운 그림자도 있다. 그때가 되면 부모들 속이 터질지도 모른다. 시커먼 VR 헤드셋을 얼굴에 뒤집어쓰고 허우적 거리며 가상 세계에 빠져 사는 아이들 때문이다. VR 게임은 가상을 현실로 느낄 만큼 깊은 몰입감을 준다. 중독성 또한 지금과 비교할 수 없을 만큼 강력하다. 비단 아이들만의 문제가 아니다. 지금도 온라인 게임에 빠진 부모가 아기를 굶겨 숨지게 하거나 자녀를 학대하는 보도가 끊이지 않는다. 허구의 세계를 진실로 믿는 반사회적 인격장애인 '리플리 증후군', 현실이 마음에 들지 않으면

컴퓨터 게임을 리셋하듯이 죄의식 없이 범죄를 저지르는 '리셋 증후군'은 심각한 사회 문제로 대두될 것이다.

가상현실이 우리의 신체에 미치는 영향은 어떠할까. 이 부분은 아직 충분한 연구가 이루어지지 않았다고 한다. 그러나 가상현실은 근본적으로 사람의 감각기관을 속이는 것이어서 부작용의 가능성이 있다. 한 예로 우리의 눈을 보자. 현실에서 사물을 볼 때는 거리에 따라 두 눈의 시선이 모이는 각도가 달라지고 초점이 맺히는 거리가 변한다. 거기에 움직임에 대한 정보가 더해져 자연스러운 입체감을 느끼는 것이다. 반면 VR기기는 두 개의 영상을 눈앞에 뿌린다. 그러면 초점은 눈앞에 맺히지만 시선은 먼 곳을 바라보게 된다. 거기에다 몸의 움직임과 눈으로 받아들이는 정보도 서로 맞지 않아 뇌는 더욱 혼란스럽다. 이런 인지부조화로 어지럼증이나 구토감과 같은 신체 이상이 생기는 것이다.

또한 헤드셋을 쓰고 현란한 화면을 보는 것은 캄캄한 곳에서 눈에 강렬한 플래시를 비추는 것과 비슷하다. 의학적인 지식이 없더라도 눈 건강에 좋지 않을 것으로 짐작할 수 있다. 특히 자라나는 아이들에게 치명적인 손상을 줄 수도 있다. 이와 같은 기술적, 사회적, 생리적인 문제가 해결될 때 비로소 가상현실은 대중의 사랑을 받고 기업들이 원하는 상업적 성공도 이룰 수 있을 것이다. 엔더의 게임을 보면서 가상현실의 미래가 유토피아가 될지 디스토피아가 될지 다시 한번 생각해보게 된다.

6장

변화에 종착역은 없다

스타트업, 유니콘을 넘어 데카콘을 향해

말도 많고 탈도 많은 우버는 우버화Uberfication란 신조어까지 만들어내며 화제를 모았다. 자동차 공유 서비스로 창업 7년 만에 620억 달러의 기업으로 성장하여 세계에서 가장 비싼 스타트업이 되었다. 한해 800만 대의 자동차를 만드는 현대자동차 시가총액의 2배가 넘는다. 7년 전 거실에 매트리스 3개를 깔고 시작한 숙박 공유 사이트인 에어비앤비는 190개국에서 서비스를 하고 있다. 아직 상장도 하지 않은 이 회사의 기업가치는 전 세계에 4천 개의 호텔을 가지고 있는 메리어트Marriott보다 높은 300억 달러다. 필자의 짧은 계산법으로는 이해되지 않지만 요즘 이런 기업이 한둘이 아니다. 사물인터넷 시대를 맞이하는 스타트업의 세계를 알아보자.

스타트업, 중요한 건 규모가 아니라 속도와 연결

『포춘』은 매년 기업가치가 10억 달러 이상인 기업을 선정하

'유니콘의 시대(The Age of Unicorns)'가 시작되었음을 알리는 『포춘』

여 발표한다. 처음에는 이런 기업들을 상상 속의 동물처럼 희귀하다고 해서 '유니콘Unicorn'이라 불렀지만 2016년에는 그 수가 174개로 급증하였다. 일부에서는 유니콘이 더 이상 희귀하지 않다며 '얼룩말'로 바꾸어야 한다는 말도 나왔다. 최근에는 유니콘의 가치보다 10배가 큰 슈퍼 스타트업 '데카콘Decacorn'도 등장하기 시작했다. 2013년만 해도 페이스북 하나였는데 이후 과대평가의 우려 속에서도 우버, 에어비엔비, 핀터레스트Pinterest, 스냅챗Snapchat 등 점차 그 수가 늘어나고 있다.

2년 전 60여 개에 불과하던 미국의 사물인터넷 스타트업은 2015년에는 1천 개를 넘어섰다. 컨설팅 업체 가트너는 "2017년에는 설립 3년 미만의 스타트업이 사물인터넷 솔루션의 50%를 공급하며 도입을 주도할 것"이라며 신생 벤처기업이 시장을 주도할 것으로 전망하였다. 미국의 실리콘 밸리는 물론 이스라엘 텔아비브, 중국 선전 등 전 세계 곳곳에서 미래의 유니콘을 꿈꾸는 스타트업이 사물인터넷 시대의 개척자로 등장하고 있다.

스타트업의 산실, 이스라엘과 중국

스타트업의 성지, 이스라엘에는 6천 개가 넘는 신생 벤처가 활동하고 매년 600여 개가 새롭게 창업을 한다. 이런 벤처기업들이 국가 전체 수출액의 절반을 담당하고 있다. 2014년에는 하이테크 기업의

창업 국가 이스라엘

기업공개와 인수합병 금액만 150억 달러에 달했다. 미국 나스닥NASDAQ에 상장한 회사만 해도 80개가 넘어 중국에 이어 2위를 차지했다. 한반도 면적의 10분의 1, 인구 팔백만의 창업국가Startup Nation 이스라엘이 전 세계 스타트업 열풍의 진원지가 되고 있다.

이들의 새로운 아이디어와 기술력에 글로벌기업도 눈독을 들이고 있다. 이미 270개가 넘는 IT 기업들이 텔아비브, 하이파, 예루살렘 등지에 거점을 마련했다. 마이크로소프트의 게임기 Xbox 360이 출시되었을 때 경쟁 기업들은 비상이 걸렸다. TV 앞에서 게임이나 운동을 할 때 사람의 움직임을 인식하는 카메라 키넥트Kinect 때문이었다. 이 제품을 개발한 이스라엘의 벤처 프라임센스PrimeSense는 3억4천500만 달러에 애플로 합병되었다. 최근에는 기업들이 필요한 기술을 외부에서 조달하는 오픈이노베이션Open Innovation 전략을 구사하면서 이스라엘 스타트업들의 몸값이 더욱 높아졌다. 13억 달러에 구글에 팔린 '이스라엘판 T맵' 웨이즈, 아마존이 인수한 반도체회사 안나푸르나랩Annapurna Labs, ARM이 사들인 보안 업체 산사시큐리티Sansa Security 등 2006년 이후 600여 개의 해외 M&A가 성사되었다. 사물인터넷 분야의 창업자들이 눈여겨보

아야 할 곳이다.

다음으로 중국은 2014년 한 해 동안 제2의 샤오미, 알리바바를 꿈꾸며 창업에 뛰어든 인력이 290만 명에 이를 만큼 스타트업의 열기가 뜨겁다. 인천시 인구와 비슷한 숫자다. 글로벌 기업가정신 연구보

비즈니스 국가 중국

고서GEM, Global Entrepreneurship Monitor에 따르면 전체 회원국 가운데 중국의 창업자 지수가 1위다. 글로벌기업 레노버Lenovo와 중국의 구글이라 불리는 바이두를 탄생시킨 베이징의 중관춘中關村에는 3천 개가 넘는 스타트업이 활동 중이다. 청화대학교, 북경대학교, 과학원 등 명문 대학교와 글로벌기업이 몰려 있어 연구개발 인력만 10만 명이 넘는다. 이곳의 창업 카페 거리 '처쿠車庫카페'는 예비 창업자, 투자자, 인큐베이터Incubator가 몰려드는 명소가 되었다. 이미 170여 개의 창업팀을 배출한 이곳의 핫토픽 역시 '사물을 연결하는 인터넷'이란 의미의 우리엔왕物聯网이다.

선전深圳은 개혁개방의 산실답게 중국의 다른 도시보다 더 활기차고 개방적인 느낌이 든다. 그래서인지 전 세계 제조 스타트업이 몰려들며 '하드웨어의 실리콘 밸리'로 불린다. 최고의 가성비를 자랑하는 제품으로 경쟁사를 위협하는 샤오미, 화웨이Huawei, 메이주Meizu 모두 이곳을 기반으로 성장했다. 세계적인 하드웨어 스타트업 엑셀러레이터Accelerator, 신생기업이 자리 잡을 수 있도록 자금 및 정보를 지원하는 프로그램인 PCH 인터내셔널PCH International, 핵스HAX, 시드 스튜디오Seeed Studio를 비롯해 80여 개의 현지 엑셀러레이터도 이곳을 중심으로

활동하고 있다. 제조 기반이 없는 벤처도 아이디어만 있으면 무엇이든 만들 수 있다. 아이템을 구체화하고 설계를 대행해주는 디자인 하우스와 소규모 생산부터 양산까지 지원하는 업체가 수백 곳에 이른다. 2015년 CES 참가 기업 중 선전 출신 스타트업이 471개로 한국, 프랑스, 캐나다, 영국, 독일, 일본 업체 모두를 합한 것보다 많았다. 이들은 중국이 제조 대국에서 제조 강국으로 도약하는 데 원동력이 될 것이다.

혁신적이고 창업 친화적인 행정을 펴기 위한 각국 정부의 경쟁도 치열하다. 전 세계 40개 도시의 친혁신 정책을 분석한 시티CITIE의 보고서는 개방성, 인프라, 리더십 측면에서 정부 9곳의 역할을 비교분석하였다. 뉴욕, 런던, 헬싱키, 바르셀로나, 암스테르담이 상위 5개 도시로 꼽혔는데 이들이 어떻게 스타트업을 유인하고 육성하는지 참고할 만하다. 이제 스타트업은 개인이나 기업의 성패를 넘어 국가의 경쟁력을 좌우하는 한 축이다.

스타트업,
아이폰을 해체하라

전 세계가 스타트업의 열기로 뜨겁지만 창업은 여전히 두려운 게 사실이다. 벤처를 시작할 때 기술 개발보다 어려운 것이 가족들을 설득하는 일이라고 한다. 어지간한 용기가 아니면 한 번의 사업 실패가 인생의 실패로 이어지는 위험을 감수하기 쉽지 않다. 이에 정부도 재도전종합지원센터, 재기지원보증 등 패자부활전이 가능한 창업 환경을 위해 노력하고 있지만 현장에서 체감하기는 어려운 수준이다. 미국 벤처캐피털 회사인 스파크랩 글로벌 벤처스SparkLabs Global Ventures는 지역별로 스타트업의 생태계를 조사하여 순위를 매겼다. 1위는 실리콘 밸리였고 서울은 뉴욕에 이어서 5위를 기록하였지만 '법제도/정책인프라' 항목은 10점 만점에 5점으로 낮은 수준이다. 사물인터넷 시대를 맞아 창업 시장에도 변화의 바람이 불기 시작했다. 스타트업의 새로운 기회와 희망을 이야기해보자.

스타트업을 위해 마련된 발판

최근에는 스타트업의 창업이 소프트웨어와 앱 중심에서 하드웨어를 포함하는 생태계로 확대되고 있다. 지금까지 자금력이 부족한 벤처기업이 진입하기 어려운 분야였지만 그 장벽이 점점 낮아지는 추세다. LG경제연구원에서 발간하는 『LG Business Insight』에서는 하드웨어 스타트업의 등장을 가속화하는 요인을 다음과 같이 정리한다.

첫 번째, 값싼 하드웨어의 등장이다. 아두이노Arduino와 같은 2~3만 원대의 오픈소스 제품을 사용하면 손쉽게 센서나 통신 기능을 붙여 아이디어를 구현할 수 있다. 두 번째는 적은 비용으로 시제품을 제작할 수 있는 3D 프린터의 보급이다. 요즘 제작 실험실이란 의미의 '팹랩FabLab'이나 개인이 사용할 수 있는 '메이커Maker' 같은 공간이 많이 생겼다. 3D 프린터나 레이저커터와 같은 디지털 장비를 갖추고 있어 어렵지 않게 시제품을 만들 수 있는 곳이다. 국내에도 고산이 대표로 있는 타이드 인스티튜트Tide Institute 산하의 팹랩서울이 2013년 문을 열었다. 세 번째로 사업화에 필요한 지원을 받고 자금을 모으는 방법이 다양해졌다. 벤처캐피털뿐

팹랩서울

만 아니라 일반인에게 자금을 모으는 크라우드 펀딩Crowd Funding, 창업을 지원하는 엑셀러레이터, 신생기업 육성을 위한 인큐베이터를 통해 위험을 줄일 수 있다. 이제 스타트업도 모바일용 앱 개발을 넘어 웨어러블이나 스마트홈 관련 기기 등 사물인터넷 분야로 진출할 수 있는 발판이 마련된 것이다.

대기업들도 급변하는 경영 환경에 대응하고 신기술을 선점하기 위해 적극적으로 M&A에 나서고 있다. 이는 스타트업의 자금 회수를 위한 출구 전략에 긍정적인 신호로 해석된다. 2014년 사물인터넷 분야의 M&A 거래는 60여 건으로 금액으로는 전년도보다 8배가 증가한 143억 달러에 달한다. 구글은 지난 몇 년간 180개가 넘는 기업을 인수하였다. 상위 10개 인수 금액만 해도 250억 달러가 넘는다. 특히 스마트홈을 위한 네스트와 드롭캠, 딥러닝 전문 기업 딥마인드DeepMind 등 사물인터넷 분야 인수에 공을 들였다. 애플도 2012년 이후 소리 없이 30여 개의 기업을 인수하며 포스트 스마트폰 시대를 대비하고 있다. 페이스북은 220억 달러를 쏟아부은 메신저 왓츠앱WhatsApp을 비롯하여 사진 공유 SNS인 인스타그램, 가상현실기기 회사 오큘러스 VR 등 2015년 상반기에만 7개의 회사를 인수하였다. 2015년 국내 M&A 시장규모도 27%가 늘어 증가 추세이다. 기업공개가 유일한 출구였던 국내 스타트업에게 또 다른 길이 열릴 수 있기를 기대한다.

한편 개인들로부터 소액의 투자를 받는 크라우드 펀딩으로 자금을 모아 성공한 사례도 늘고 있다. 그중 규모가 가장 큰 킥스타터는 2009 설립 이후 20억 달러가 넘는 자금을 모아, 무려 9만4천여 개의 프로젝트가 투자를 받았다. 한때 스마트워치 시장에서 2

킥스타터

위를 한 페블Pebble과 앞에서 언급한 오큘러스 VR 역시 킥스타터를
통해 탄생한 기업이다. 국내에서도 크라우드 펀딩법이 국회를 통
과하여 2016년 1월 시행에 들어가 점차 활성화될 것으로 보인다.

스타트업이 만들어가는 사물인터넷 세상

이런 환경 변화 속에서 스타트업들은 어떻게 사물인터넷
세상을 만들어갈까? 최근 미국의 투자조사 업체인 CB 인사이츠
에서 발표한 「디스럽팅과 언번들링Disrupting / Unbundling」 시리즈에서 실
마리를 찾아보자. 번들링Bundling은 상품을 묶어서 파는 것인데, 언
번들링은 이와 반대로 묶인 것을 해체하는 것이다. 여러 곡을 담
은 음악 CD가 번들링이라면 원하는 곡만 내려받거나 스트리밍
Streaming, 실시간 재생으로 듣는 것은 언번들링이라 할 수 있다. 참신한
아이디어로 무장한 스타트업이 기존 산업을 파괴하고 혁신하는
현상은 음반 시장뿐 아니라 IT 기업, 은행, 호텔, 유통 등으로 점
차 확산되고 있다. 또한 CB 인사이츠의 「언번들링 iOS: 스타트업
이 애플의 핵심 앱과 서비스를 공격한다Unbundling iOS: 44 Startups Attacking
Apple's Core Apps And Services」를 보면 44개의 스타트업이 애플의 운영체제

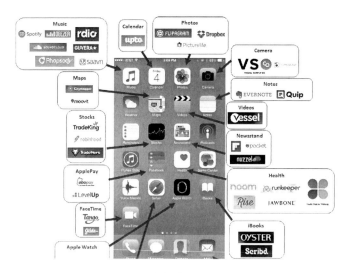

언번들링 iOS

인 iOS에 내장된 앱과 서비스를 어떻게 공략하는지 알 수 있다.

예를 들면 애플 뮤직은 스트리밍의 1인자 스포티파이나 랩소디Rhapsody가, 메신저는 스냅챗과 같은 서비스가 대체한다는 것이다. 그중 「언번들링 호텔: 매리어트와 힐튼이 주의해야 할 62개 스타트업Unbundling the Hotel: The 62 Startups Marriott and Hilton Should Be Watching」은 이미 메리어트나 힐튼보다 시장가치가 큰 에어비앤비를 비롯한 62개의 스타트업이 숙박, 예약, 이벤트 등의 서비스로 기존 호텔 산업을 위협한다는 내용이다.

핀테크Fintech, 금융+기술 기업에 의해 대출과 송금 등 은행의 서비스가 해체되고 있는 것은 이미 널리 알려진 사실이다. 해외 송금과 환전을 전문으로 하는 영국의 스타트업 트랜스퍼와이즈TransferWise의 수수료는 은행의 10분의 1이다. 개인 간의 거래를 중

개해주는 랜딩클럽Landing Club은 낮은 대출 이자와 높은 예금 수익을 제공하며 고성장을 지속하고 있다. 미래에는 이런 기업들에 의해 금융 산업이 재편된다는 이야기다. 그 밖에도 국제 운송회사 페덱스FedEx, 가전업체 하니웰Honeywell, P&G의 생활용품, 자동차 산업도 언벌들링의 대상으로 꼽힌다.

가트너는 2014년 연례 심포지움에서 "대기업이 사물인터넷 성장을 주도할 것으로 생각하는 것이 일반적인 통념이지만, 개인 제작자와 스타트업을 사물인터넷 시장 형성의 실질적 주체로 보고 있다"라고 말했다. 세계적인 미래학자 제러미 리프킨도 "사물인터넷은 수직적으로 통합된 거대기업보다 중소기업에게 무기가 될 것이다"라고 했다. 누가 시장을 주도할지는 조금 더 두고 봐야겠지만, 대규모 자본과 생산 수단이 중요했던 시대와 달리 아이디어로 무장한 작고 빠른 기업들의 강세가 두드러질 것은 분명해 보인다.

인공지능,
세 번째 기회

인공지능 부활의 신호탄

2012년, 인공지능의 부활을 알리는 두 발의 신호탄이 터졌
다. 하나는 그해 국제 이미지인식 기술 대회(ILSVRC, ImageNet Large Scale
Visual Recognition Competition)에서는 벌어진 사건이다. 이 대회의 목표는 이
미지넷(ImageNet)에 있는 15만 장의 사진 중 자동차, 강아지 등 1천 종
에 이르는 물체를 컴퓨터로 찾아내는 것이었다. 자율주행 자동차
가 보행자를 인식하거나 구글 포토에서 사진을 자동으로 분류할
때도 사용되는 이 기술은 오랫동안 답보 상태였다. 2011년까지는
75%의 정확도가 최고 기록이었는데 1년에 1~2%의 성능을 올리
기도 쉽지 않았다. 기업들도 오랫동안 투자를 하며 기다렸지만 기
대했던 성과가 나오지 않자 연구팀을 해체하는 지경에 이르렀다.
그런데 이 대회에 처음으로 참가한 토론토대학교의 슈퍼비전팀
이 경쟁자와의 격차를 10% 이상 벌리며 85%의 정확도로 우승을
차지하였다. 참여한 멤버는 제프리 힌튼(Geoffrey Hinton) 교수와 학생 두

명이 전부였다. 더욱 놀라운 것은 3명 모두 영상 인식 분야의 전문가가 아니었다. 학계와 IT 업계가 술렁거렸다. 기계가 학습을 한다는 딥러닝이 세상에 모습을 드러낸 순간이었다.

그해 매스컴을 뜨겁게 달구었던 또 하나의 사건이 있었다. 구글이 컴퓨터가 사람의 도움 없이 1천만 장의 사진 중에서 고양이 이미지를 찾아내는 데 성공하였다고 발표하였다. 기계가 스스로 사물을 인식할 수 있다는 것을 보여준 획기적인 업적이었다. 여기에도 딥러닝이 사용되었다는 소식이 전해지면서 IT 업계에는 딥러닝 열풍이 불기 시작했다. 관련 스타트업의 인수가 이어지고 인재 확보와 기술 경쟁에 불이 붙었다. 2년 뒤 구글은 이미지넷의 영상 인식률을 93%까지 끌어올렸다. 2015년 1월 중국의 바이두는 인식률을 94%로 향상시켰고 2월에는 마이크로소프트가 95%를 기록하면서 사람의 수준에 다다랐다. 딥러닝은 영상뿐만 아니라 음성인식과 자동번역의 성능도 한순간에 끌어올렸다.

딥러닝은 인간의 뇌를 모방한 인공신경망에 그 뿌리를 두고 있다. 인공신경망은 인공지능의 한 축으로 알파고가 기보를 통해 바둑을 익히듯이 기계에게 학습을 시키는 방법이다. 이런 결과에 고무된 기업들은 다시 팀을 재정비하고 대가들을 찾아 나섰다. 알파고로 인해 인공지능에 대한 관심이 급증하자 정부도 서둘러 대책을 내놓았다. 미래창조과학부는 지능정보기술연구소를 설립하고 5년간 1조 원을 투자하겠다고 발표하였다. 삼성전자, LG전자, 현대자동차 등 기업들을 끌어들이고 미래부 내에는 인공지능을 총괄할 전담팀까지 만들어졌다. 인공지능 불모지에 전해진 정부의 지원 소식은 가뭄의 단비처럼 반갑다. 그러나 R&D는 거창한 시작보다 거품이 꺼진 뒤 성공할 때까지 살아남는 것이 더 중요하다.

이와 같은 현재의 영광에는 '인공지능 겨울AI winter'이라 불리는, 딥러닝 탄생 이후 이어진 수십 년간의 좌절과 퇴보를 견뎌온 노교수의 공로가 숨어 있다. 딥러닝의 대부로 불리는 제프리 힌튼 교수의 삶을 통해 우리의 현실을 돌아보자.

딥러닝의 대부, 제프리 힌튼

캐나다 토론토대학교의 교수 제프리 힌튼은 일흔을 바라보는 나이에도 딥러닝을 전파하기 위해 동분서주하고 있다. 대학에서 심리학을 전공한 힌튼 교수는 뇌의 비밀을 알고 싶었다. 주변의 만류에도 불구하고 인공지능의 신경망 분야를 선택해 박사 과정을 시작하였다. 당시는 인공지능의 거품이 꺼지고 한물간 분야로 취급받을 때였다. 인공지능이라는 용어가 쓰이기 시작한 건 1956년부터였다. 존 매카시를 비롯한 당대 최고의 석학들이 다트머스대학교에 모여 인공지능 연구에 대해 정의하였고 연구의 시작을 제안했다. 그 후 20년 동안, 인공지능에 대한 관심은 식을 줄 몰랐다. 학자들은 "20년 안에 인간이 할 수 있는 모든 일은 기계가 할 수 있게 될 것이다"라며 장밋빛 미래를 약속하였다. 그러나 1970년대에 들어서면서 인공지능은 현실의 복잡한 문제를 풀 수 없다는 평가를 받았다. 기대는 실망으로 급변하였다. 모든 연구 지원이 끊어졌다. 인공지능은 첫 번째 겨울을 맞이하게 된다. 하필이면 힌튼은 그때 인공지능을 연구하겠다고 나섰으니 고생길이 예고되어 있던 셈이다.

1980년대 인공지능은 두 번째 전성기를 맞이한다. 이번에

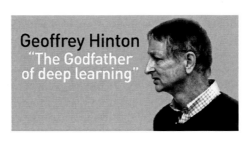

딥러닝의 아버지라고 불리는 제프리 힌튼

는 사람과 같은 인공지능이 아니라 한 가지 일이라도 잘해내는 시스템을 만들기로 하였다. 법률이나 의료 등 특정 분야의 지식을 컴퓨터에 입력하여 실용적인 문제를 해결하는 '전문가 시스템Expert System'이 인기를 모았다. 그러자 인공신경망을 연구하던 동료들 대부분은 새로운 분야로 떠나버렸다. 1990년에 접어들면서 전문가 시스템도 난관에 부딪히게 된다. 새로 쏟아지는 지식을 매번 다시 학습시키는 것은 불가능한 일이었다. 게다가 성과를 내기 위해서 문제를 더 잘게 나누어 해결했지만, 이는 결국 애초에 의도한 인공지능의 근본 목적에서 점점 멀어지게 하는 결과를 초래했다. 두 번째 겨울을 맞이한 것이다.

2000년대 초까지 살아남은 인공신경망 연구 그룹은 손에 꼽을 정도였다. 토론토대학교의 제프리 힌튼, 몬트리올대학교의 요수아 벤지오Yoshua Bengio, 뉴욕대학교의 얀 레쿤 교수 정도가 간신히 명맥을 유지하고 있었다. 2004년 그들은 캐나다 고등연구원CIFAR의 지원으로 50만 달러의 소규모 펀딩을 받아 연구를 지속할 수 있었다. 힌튼 교수는 두 명의 박사과정 학생과 함께 인공신경망의 문제를 해결하고 약점을 보완하기 위한 연구에 매달렸다.

2006년에 마침내 인공지능의 새로운 시대를 여는 딥러닝 논문을 완성하게 된다. 그로부터 6년이 지난 뒤 이 세 명은 ILSVRC에서 슈퍼비전이라는 팀으로 출전하여 딥러닝을 실제로 구현하는 데 성공했다. 슈퍼비전팀은 대회에서 우승을 차지하며 세상을 놀라게 하였다. 다음 해 힌튼 교수는 DNN리서치DNN Reaserch라는 스타트업을 설립하여 딥러닝의 확산에 나섰다.

IT 최후의 격전지, 인공지능

딥러닝이 불을 댕긴 인공지능은 세 번째 봄을 맞이하고 있다. 이전과는 사뭇 다른 분위기다. 먼저 학계에서 연구하던 분야에 기업이 참여하기 시작한 것이다. 사물인터넷, 스마트카, 인공지능 로봇의 등장으로 기업 입장에서는 인공지능의 연구개발이 무척이나 중요하게 되었다. 다음으로는 빅데이터의 등장이다. SNS, 핀테크, 스마트센서 등을 통해 생활 속에서 생성되는 빅데이터가 인공지능과 결합하면서 사람들에게 필요한 서비스를 제공할 수 있게 되었다. 마지막으로는 강력한 컴퓨팅 능력의 확보다. 하드웨어의 혁신과 인터넷으로 연결된 클라우드의 발전으로 컴퓨터는 무제한에 가까운 계산 능력을 갖추게 되었다. 인공지능이 성장할 수 있는 생태계가 무르익기 시작한 것이다.

시장조사 업체 IDC는 인공지능 시장이 매년 50% 이상 성장하여 2019년에는 313억 달러에 이를 것으로 전망하였다. 컨설팅 업체 맥킨지McKinsey는 2025년 인공지능을 통한 지식노동 자동화의 파급효과가 5조 달러를 넘을 것으로 예상하였다. 최근 이 분야에 대한 투자도 급격히 늘어났다. CB 인사이츠의 조사 결과, 2015년 인공지능 스타트업에 투자된 금액은 3억 달러로 2010년 1천500만 달러의 20배에 이른다. 2012년 이후 실리콘 밸리에 생겨난 인공지능 업체만 해도 170개가 넘는다. 이렇게 상황이 바뀌자 글로벌 IT 기업들은 인공지능 관련 기업과 인력을 블랙홀처럼 빨아들였다.

2013년 구글은 제프리 힌튼 교수를 모셔가기 위해 DNN리서치 인수하며 동시에 모든 연구자를 영입하였다. 다음 해에는 영국의 인공지능 업체 딥마인드를 4억 달러에 인수하였다. 이 회사의 CEO는 알파고를 개발한 데미스 하사비스Demis Hassabis였다. 『워싱턴포스트』가 "구글의 장기적 목표는 인공지능 회사가 되는 것이다"라고 보도할 정도였다. 페이스북은 뉴욕대학교의 얀 레쿤 교수를 영입하여 인공지능 연구소를 설립하였다. 여기에 얼굴인식 소프트웨어 딥페이스DeepFace를 개발한 페이스닷컴Face.com과 음성인식 기술을 보유한 스타트업 윗에이아이Wit.ai를 인수하여 전력을 강화하였다. 마크 저커버그는 영화 〈아이언맨〉에 등장하는 '자비스'와 같은 인공지능을 만드는 것이 목표라고 밝혔다.

중국의 대표적 IT 기업인 바이두는 2014년 스탠포드대학교의 앤드류 응 교수를 영입하였다. 그는 구글의 '브레인 프로젝트'를 지휘하며 자동으로 고양이 이미지를 찾아낸, 인공지능 분야의 떠오르는 대가이다. 바이두는 상하이와 실리콘 밸리에 인공지능 연구소를 설립해 무인 자동차, 음성인식, 영상인식 분야에 집중하면서 글로벌기업들과 어깨를 나란히 하고 있다. 마이크로소프트의 코타나, 애플의 시리, 아마존의 알렉사와 같은 인공지능 비서 진영의 움직임도 빨라졌다. IBM의 인공지능 왓슨은 퀴즈쇼를 넘어 이미 의료와 금융 분야의 현장에서 사용되고 있다. IBM은 교육, 에너지, 건설, 보험 등 다양한 분야에 걸친 '왓슨 생태계' 만들기에 나섰다.

글로벌기업들은 인공지능을 IT 최후의 승부처로 여기고 있다. 인공지능은 영화 속 먼 미래의 이야기가 아니다. 이미 우리의 일상 속에 깊숙이 자리 잡고 있다. 1초에 수십만 번씩 주식을 사고파는 로봇 트레이더가 증권가를 장악한 지 오래다. 이제는 고객의 자산까지 인공지능 투자자문가인 로보 어드바이저Robo-Advisor가 관리한다. 컴퓨터가 신문기사를 쓰고 회계 장부를 정리하고 법원의 판례를 분석하는 일이 점점 보편화되고 있다. 자율주행 자동차, 소셜 로봇, 드론과 같은 스마트기기 모두 인공지능의 판단으로 움직인다. 우리의 경쟁자들은 이미 앞서가고 있다. 지금은 인공지능의 골든타임이다. 정부, 기업, 학계가 한데 뭉쳐 추격의 고삐를 늦추지 말아야 한다.

대륙의 과학기술

마션과 중국 우주선

"한국과 중국의 기술격차는 1년 정도로 알려져 있는데 사실상 이미 추월당했다고 봅니다." 얼마 전 대한민국 과학발전 대토론회에서 나온 이야기다. 기업들이 현장에서 느끼는 위기감도 이와 크게 다르지 않다. 2015년 5월, 미래창조과학부는 '2014년 기술수준평가'의 결과를 발표하였다. 120개 국가전략 기술에 대해 4천여 명의 전문가가 전한 의견 및 논문과 특허를 분석한 700쪽이 넘는 방대한 보고서다. 기술 격차는 1위인 미국을 기준으로 유럽연합 1.1년, 일본 1.6년, 한국 4.4년, 중국 5.8년으로 나왔다. 한국과 중국의 격차는 2012년에는 1.9년이었는데 지금은 0.5년이 줄어 1.4년으로 아직은 앞선 것으로 조사되었다.

한편 2015년 9월에는 한국과학기술평가원이 일반인을 대상으로 '과학기술 국민의식 통계조사'를 실시하였다. 일반 국민이 생각하는 기술 수준의 순서는 미국, EU, 일본, 중국, 한국 순이었다. 10년 뒤에는 중국과의 격차가 더 벌어지면서 한국이 과학기술 약소국으로 전락할 것이라는 응답도 많았다. 일반인이 전문가보다 더 정확하게 상황을 보고 있는 게 아닐까. 신문에는 연일 대륙 시리즈 기사가 넘쳐난다. '대륙의 실수' '대륙의 작품' '대륙의 역습' '대륙의 기적' 등 헤드라인도 기발하다. 과연 그중 어느 것이 중국의 민낯에 가까울까? 중국에 대해서는 누가 이야기를 해도 장님이 코끼리 다리 만지는 격일 테지만, 필자도 한마디 거들어본다.

　한 나라의 과학기술 발전 수준을 이야기할 때 보통 우주선과 슈퍼컴퓨터 기술을 비교한다. 우주 분야는 유인 우주선, 우주정거장 그리고 달 탐사선 정도를 보면 그 수준을 파악할 수 있다. 중국은 2003년 미국과 러시아에 이어 세계에서 세 번째로 유인 우주선인 선저우 5호를 발사하였다. 그로부터 10년 뒤 선저우 10호를 보내 400km 상공에서 우주정거장에 도킹하는 데 성공하였다. 실험용 우주정거장 텐궁 1호를 쏘아 올린 것은 물론 2016년에도 텐궁 2호를 우주로 보내는 데 성공했다. 2020년까지 국제우주정거장ISS 수준의 독자 유인 우주정거장을 건설할 계획이다. 미국과 러시아가 운영 중인 정거장이 수명을 다하는 2024년 이후에

중국 국가천문대가 공개한 중국의 달 탐사(창어 3호)

는 중국이 유일한 우주정거장 보유국이 된다. 2015년에 개봉한 영화 〈마션〉에 중국 우주선 이야기가 나오는 것도 결코 우연이 아니다. 달 탐사는 2013년 창어 3호가 무인 탐사차량 옥토끼호를 싣고 달에 착륙하면서 본격화되었다. 창어 3호는 예상 수명의 두 배가 넘는 2년 이상 활동을 하여 달 탐사선 최장 활동 기록을 세웠다. 2018년에는 창어 4호를 보내 지구에서 볼 수 없었던 달 뒷면을 최초로 탐사할 계획이다. 중국은 우주 3관왕에 등극하는 놀라운 저력을 보여주고 있다.

　　은하수를 뜻하는, 슈퍼컴퓨터 톈허天河의 성능은 이미 2013년 이후 3년째 미국의 타이탄을 제치고 1위를 지키고 있다. 미국의 견제 속에도 자체적으로 핵심 부품인 프로세서까지 개발하고 있다. 우리가 보고서를 만들고 타당성을 분석할 때 중국은 4만8천개의 프로세서를 연결하여 세계 최고의 슈퍼컴퓨터를 만들었다.

'대륙굴기'의 원동력, IT 기업

　　아직도 길거리에 루이비통, 샤넬, 구찌의 짝퉁이 판을 치는 곳에서 어떻게 이런 일이 가능할까? 답은 간단하다. 중국은 과학기술을 강대국으로 가는 '대국굴기'의 원동력으로 생각한다. 그 핵심을 인재로 여기고 1990년대부터 '백인 계획' '천인 계획' 등을 통해 스타급 해외 과학기술자를 유치했다. 대외경제정책연구원에서 발간한 「중국 천인계획 연구」에 소개된 국가 차원의 인재 유치 프로그램만도 18개다. 이들이 학교, 기업, 연구소에서 대륙의 기적을 만들어가고 있는 것이다. 바이두의 회장 리옌훙, 샤오미의 공동 창업자 린빈, 칭화대학교 생명과학원 원장 스이궁, 베이징대학교 공학원 원장 천스이도 천인계획을 통해 해외에서 공부하고 돌아온 인재 '하이구이海龜'다.

　　IT 기업 쪽을 잠시 살펴보자. 중국 기업은 거대한 내수 시장과 풍부한 노동력을 바탕으로 성장하였다고 말한다. 그런데 여기에 하나가 빠졌다. 바로 초인적인 노력과 승부사의 기질을 갖춘 경영자들이다. 간단히 살펴보고 지나가자. 먼저 중국의 삼성으로 불리는 화웨이의 설립자 런정페이任正非를 꼽고 싶다. 그의 사업은 1987년 선전에서 단돈 2만 위안으로 차린 통신장비 대리점에서 시작됐다. 하지만 채 30년도 되지 않아 170개국에 진출해 한 해 매출이 50조 원이 넘는 글로벌기업이 되었다. 그는 지금도 "화웨이는 아직 성공한 것이 아니라 성장하고 있는 것일 뿐"이라고 말한다. 잠시 반짝하는 짝퉁 기업과는 격이 다르다.

　　2015년에 '중국 최고 여성 부호'와 '세계 자수성가 여성 부호' 두 부문에서 모두 1위를 차지한 기업인이 나왔다. 중국의 '유리 여왕'으로 불리는 란쓰커지藍思科技의 회장 저우췬페이周群飛다. 일당 1천 원을 받던 시계 유리 공장 여공이 시가총액 10조, 임직원 6만 명의 회사를 일구어냈다. 스마트폰과 컴퓨터의 강화유리를 만드는 이 회사의 고객은 애플, 삼성전자, 마이크로소프트, 화웨이 같은 거물들이다. 중국의 '살아 있는 전설' 레노버의 창업자 류촨즈柳傳志도 빼놓을 수 없다. 1984년 41세의 나이에 중국과학원에서 받은 창업 지원금 20만 위안으로 연구소의 경비초소 건물에 레노버의 전신인 롄샹聯想을 설립하였다. 그로부터 20년 후, 2005년 17억 5천만 달러에 IBM의 PC 부문을 인수하여 세상을 놀라게 하였다. 2014년에는 구글이 사들인 모토로라 모빌리티Motorola Mobility를 인수

2016년 바르셀로나에서 열린 세계 최대 모바일 전시회 모바일 월드 콩그레스에 참여한 화웨이의 스마트폰 전시 부스

하면서 또 한 번 화제가 되었다. 레노버의 지주회사인 레전드홀딩스의 주식 65%는 창업 자금을 지원한 중국과학원이 가지고 있고 나머지는 임직원에게 나누어주었다. 그는 아직도 소매가 다 해진 옷을 입고 다닌다고 한다.

샤오미의 레이쥔雷軍은 "천하의 무공 중 빠른 것은 절대 당해낼 수 없다. 느리다는 것은 곧 죽음을 뜻한다"라며 샤오미제이션Xiaomization 바람을 일으키고 있다. 이보다 한 수 높은 고수 알리바바의 마윈은 "빠른 성장도 필요하지만 오래 살아남는 게 가장 어렵다. 얼마나 오래 건강하게 살아남는가가 중요하다"라고 말한다. 그 밖에도 가전 황제를 꿈꾸는 하이얼Haier의 장루이민張瑞敏, 중국의 구글 바이두의 리예홍李彦宏, 거리Gree를 이끄는 여장부 동밍주董明珠 등 수많은 기업가들의 땀으로 일구어낸 기업들은 대륙의 걸작이라고 해도 좋겠다.

'부흥의 길'

세계은행은 2020년에 중국 경제가 미국을 추월할 것으로 전망했다. 한쪽에서는 아직 멀었다며 '버블 차이나'를 이야기한다. 여전히 넘어야 할 산이 많고 중국 기업들의 고민이 깊은 것도 사실이다. 치솟는 임금과 낮아지는 수익률 속에서 무한경쟁은 기업의 생존을 위협하고 있다. 그동안 가격 경쟁력을 지탱해주던 생산기반은 동남아로 빠져나가고 있다. 최근 경제 성장률이 낮아지면서 중진국 단계에서 경제성장이 둔화되는 현상인 '중진국의 함정'에 대한 문제도 이슈가 되고 있다. 그러나 중국은 또 다시 도약을 준비하고 있다. 대외적으로는 유라시아를 하나로 묶는 신新실크로드인 '일대일로一帶一路, One Belt One Road' 전략으로 세계 경제의 판을 새로 짜고 있다. 실크로드가 지나가는 나라의 인구만 해도 44억 명이고, 경제규모는 21조 달러에 이른다. 중국은 세계 경제의 30%에 달하는 빅픽처Big Picture를 그리는 중이다. 세계를 호령하는 강대국으로 등극하는 대국굴기의 10번째 주인공이 되기 위한 부흥의 길復興之路을 닦기 시작한 것이다.

그 중심에는 흔들림 없는 과학기술 정책이 자리 잡고 있다. 정부가 원천 기술 확보를 주도한다. 첨단 기술 분야의 '863 계획', 기초과학 분야의 '973 계획', 자연과학 분야의 'NSFC'가 대표적인 중장기 국가 과제이다. 과학기술 분야의 지표는 이미 미국과 어깨를 견줄 정도다. 특허는 2012년 52만 건으로 세계 1위 특허출원국이 되었다. 미국 과학재단에 따르면 2013년 논문 출판 건수는 미국이 41만 편, 중국이 40만 편으로 비슷한 수준이지만 증가율은 각각 3.2%, 18.9%로 중국의 성장세가 압도적이다. 구체적인 실행 전략도 탄력을 받고 있다. 제조 대국에서 제조 강국으로 나아가기 위한 선언인 중국제조 2025의 목표는 세계 제1의 제조 강국이 되는 것이다. 또한 '인터넷 플러스Internet Plus' 전략을 통해 전통 산업과 인터넷을 결합하여 산업구조를 업그레이드하겠다는 야심찬 계획도 추진 중이다.

주마간산 격으로 살펴보았지만 정부나 전문가보다 일반 국민들의 생각이 현실에 가까워 보인다. 과학기술 약소국으로 전락하지 않기 위한 특단의 대책이 필요한 때이다.

어느 날 R&D경영연구소 대표로부터 메일을 한 통 받았다. 그 취지에 공감이 가서 일부를 발췌하여 소개한다. 대략 이런 내용이었다.

"요즘의 기술은 변화도 빠르고 특히 많은 기술이 복합적으로 연결됩니다. 단순히 물리적으로만 연결되는 것이 아니고, 서로가 유기적으로 결합됩니다. 휴대폰 개발자가 배터리나 디스플레이를 알지 못하고는, 또 배터리 개발자나 디스플레이 개발자가 휴대폰을 알지 못하고는 사업을 할 수가 없는 세상입니다.

그런데, 우리나라 대학교에서는 에너지그리드학과, 스마트운행체공학과, 광메카트로닉스공학과, 휴먼기계바이오공학부 등 좁디좁은 명칭으로 학생을 뽑아 대학원 박사 과정에서나 배워야 할 특화된 과목만을 가르쳐 주변 과학이나 기술은 이름조차 알지 못하고 대학을 졸업하는 경우가 부지기수입니다. 게다가 대학입시 수능시험에서 과학이 선택 과목이 되어 고등학교에서 아주 상식적인 과학적 내용조차 접하지 못한 채, 이공계 대학까지 졸업하는 상황도 일어납니다.

이런 사람들이 어떻게 융복합 제품이나, 창의적인 기술을 개발할 수 있겠습니까. 기존 직원들도 마찬가지입니다. 자기네 회사에서 무슨 기술을 개발하는지, 내용을 잘 몰라 관심조차 두지 않습니다. 기본 소양으로 갖추지 않았기 때문입니다. 일반 사회인들은 사정이 더

하겠지요. 아무리 기술 강국을 외친들, 뿌리가 없는데 어떻게 줄기를 뻗고 열매를 맺을 수 있겠습니까.

그래서 생각한 것이 취업 준비생들에게 맞춰, 아주 기본적인 과학기술 상식과 관련한 문제라도 공부하고 입사 시험에 응시하자는 의미에서 과학기술 상식 및 소양 문제은행을 구축하려 합니다. 각 기업에서는 이 문제은행에서 자기 회사에 필요한 문제를 발췌하여 면접 시 묻도록 하고, 또 기존 직원들에게도 퀴즈 대회 등을 열어 최소한의 기초지식을 갖게 하는 것입니다. 이렇게 하면 과학기술 상식이 조금이마나 확산되고 그걸 바탕으로 한 융복합 아이디어 제품이 도출되지 않을까 합니다.

삼성이나 LG 같은 대기업은 자체적으로 문제를 내고 있지만, 다른 곳은 문제 자체를 만들 여력이 없습니다. 그래서 문제은행을 구축하고자 하는 것입니다. 무엇보다 현장과 일상에 밀접하게 연관된 문제를 담으려 합니다. 상식적으로 알아야 하는 것들을 취합하여 한군데 모아 제공하려 합니다."

중소기업을 위한 문제은행을 만드는 걸 도와달라는 내용이었는데, 평소 존경하는 선배의 부탁이라 흔쾌히 문제를 출제하여 보냈다. 그중 몇 개를 소개하면서 이야기를 마무리하고자 한다. 이 책을 읽은 독자들은 어렵지 않게 풀 수 있을 것이다. 혹시 막히는 곳이 있으면 본문을 다시 한번 찾아보는 것도 도움이 되겠다.

1. 컨설팅 업체 가트너(Gartner)에서 매년 기술의 성숙도를 5단계로 표현하는 하이프 사이클(Hype Cycle)을 발표한다. 하이프 사이클에 포함되지 않는 단계는 무엇인가?

   ① 발생기　　② 거품기　　③ 각성기　　④ 추락기

2. 사물인터넷은 서로 다른 기기들이 정보를 교환할 수 있는 호환성(Interoperability)을 위한 표준이 중요하다. 다음 중 사물인터넷 관련 표준이 아닌 것은?

   ① Allseen Alliance　　　　② OIC
   ③ MPEG　　　　　　　　④ Thread Group

3. 다음 중 소프트뱅크가 출시한 인간형 감성 로봇의 이름은?

   ① 페퍼　　② 아틀라스　　③ 아시모　　④ 휴보

4. 구글 글라스나 마이크로소프트의 홀로렌즈(Hololens)와 같이 실제 세계에 가상의 이미지를 겹쳐서 보여주는 기술은?

   ① 가상현실　　② 증강현실　　③ 허상현실　　④ 게임현실

5. 다음 중 스마트카의 OS 가 아닌 것은?

   ① 애플 카플레이　　　　② 구글 안드로이드 오토
   ③ MS 윈도 인더카　　　④ 테슬라 오토파일럿

6. 다음 중 인공지능 비서를 모두 고르시오.

① 마이크로소프트 코타나   ② 애플 시리

③ 아마존 알렉사   ④ 구글 트렌드

7. 다음 중 드론과 관련된 기업을 모두 고르시오.

① 오큘러스(Oculus)   ② 3D 로보틱스

③ DJI   ④ 패롯(Parrot)

8. 다음 중 사물인터넷이 주목을 받게 된 이유를 모두 고르시오.

① 저렴한 센서   ② 무선 통신 기술

③ 정부의 지원   ④ 빅데이터 처리 기술

9. 스마트폰에는 다양한 센서가 탑재되어 있다. 다음 중 스마트폰에 사용된 센서를 모두 고르시오.

① 지문 센서   ② 후각 센서   ③ 근접 센서

④ 심박 센서   ⑤ 가속도 센서

10. 'BAT'로 불리는 중국의 IT 대표기업 3곳을 고르시오.

① 화웨이   ② 텐센트   ③ 바이두   ④ 알리바바

11. 낙후된 지역이나 소외된 계층을 고려해 해당 지역의 환경이나 경제, 사회 여건에 맞도록 만들어낸 기술을 말한다. 예로는 빨대 모양의 휴대용 정수기 라이프 스트로, 먼 곳에서 쉽게 물을 길어오

는 타이어 모양의 큐드럼, 발로 밟아 지하수를 퍼올리는 페달 펌프 등이 있다. 이와 같은 기술을 무엇이라 부르는가?

_____

12. 알파고의 출현으로 널리 알려진 이 기술은 인공지능의 한 분야이다. 기계가 스스로 학습을 한다는 의미의 이 기술은 무엇인가?

_____

13. 모바일 결제와 같이 금융Finance과 IT 기술Technology이 결합된 서비스를 가리키는 용어는 무엇인가?

_____

14. 사용자의 위치를 파악하여 여러 가지 서비스를 제공하는 것으로, 'LBS'라고 불린다. 비콘 등을 활용하여 푸시알람으로 각종 할인쿠폰을 제공하거나 GPS를 이용한 차량 공유 서비스 등 사용자의 위치를 기반으로 제공하는 서비스의 명칭은?

_____

15. 데이터를 사용자의 기기에 저장하는 대신 인터넷상에서 저장 및 관리를 하는 서비스로 인터넷만 연결되어 있으면 어디서든 각종 데이터를 불러오고 사용할 수 있는 서비스를 지칭하는 용어는?

_____

정답

1번 정답 ④　　　　해설 | 컨설팅 업체 가트너는 매년 기술의 트렌드를 보여주는 하이프 사이클을 발표한다. 이 그래프는 이슈가 되는 기술들을 5단계로 분류하여 현재의 위상을 한눈에 알 수 있다. 5단계는 새로운 기술이 등장하면 학계와 언론의 관심을 받는 발생기(Innovation Trigger), 기대가 최고도에 달하는 거품기(Peak of Inflated Expectation), 기대가 실망으로 바뀌는 환멸기(Through of Disillusionment), 기술을 업그레이드하면서 살아남은 자들이 재조명을 받는 각성기(Slope of Enlightenment), 시장의 주류로 자리를 잡는 성장기(Plateau of Productivity)로 나뉜다.

2번 정답 ③　　　　해설 | 사물인터넷 표준은 퀄컴이 주도하는 올신 얼라이언스(Allseen Alliance), 인텔을 주축으로 하는 OIC(Open Interconnect Consortium), 구글 진영의 스레드 그룹(Thread Group), 이 3개 세력이 각축을 벌이고 있다. MPEG는 동영상 표준이다.

3번 정답 ①　　　　해설 | 페퍼(Pepper)는 일본의 소프트뱅크가 출시한 감정인식 로봇이다. 키 120cm의 페퍼는 사람의 몸짓과 목소리를 읽어내 사람의 감정을 인식하고 사람과 대화도 할 수 있다. 페퍼는 머리와 손에 달린 터치 센서를 통해 사람과 접촉하고, 고해상도 카메라와 마이크로폰 등을 통해 사람을 탐지할 수 있다.

4번 정답 ②　　　　해설 | 증강현실(AR, Augmented Reality)은 현실의 이미지나 배경에 가상의 이미지를 겹쳐서 하나의 영상으로 보여주는 기술이다. 반면 가상현실(VR, Virtual Reality)은 자신(객체)과 배경 · 환경 모두 현실이 아닌 가상의 이미지를 사용한다.

5번 정답 ④　　　　해설 | 애플은 2014년 3월 제네바 모터쇼에서 차량용 OS인 카플레이(CarPlay)를 선보였다. 아이폰 화면을 그대로 자동차 디스플레이로 옮기는 미러링(Mirroring) 기술로 전화, 음악, 지도, 메시지 서비스를 스마트폰처럼 차에서 쓸 수 있다. 2014년 6월 구글은 스마트폰의 생태계를 스마트카로 넓히기 위해 자동차용 OS인 안드로이드 오토(Android Auto)를 발표하였다. 2014년 4월 마이크로소프트는 차량용 OS 윈도 인더카(Windows in the Car)를 발표하며 모바일 시대의 부진을 만회하기 위해 분주히 움직이고 있다. 테슬라의 오토파일럿은 자율주행 시스템이다.

6번 정답 ①②③

7번 정답 ②③④　　해설 | 오큘러스는 가상현실 관련 업체

8번 정답 ①②④　　**9번 정답** ①③④⑤　　**10번 정답** ②③④

11번 정답 적정기술(Appropriate Technology)

12번 정답 머신러닝(Machine Learning) 혹은 기계학습

13번 정답 핀테크(Fintech)

14번 정답 위치기반 서비스(Location Based Service)

15번 정답 클라우드(Cloud) 혹은 클라우드 서비스

참.고.문.헌

프롤로그

- Michael E. Porter and James E. Heppelmann, 「How Smart, Connected Products Are Transforming Competition」, 「Harvard Business Review」, 2014.
- Ovidiu Vermesan and Peter Friess, 「Building the Hyperconnected Society: IoT Research and Innovation Value Chains, Ecosystems and Markets」, River Publishers, 2015.
- Carl Benedikt Frey and Michael A. Osborne, 「The Future of Employment: How susceptible are jobs to computerisation?」, Oxford University, 2013.
- Billy Gallagher, 「Twerk, Selfie, Bitcoin, Others Added To Oxford Dictionary As Silicon Valley, Middle Schoolers Push English Language Forward」, 「TechCrunch」, 2013. 8. 27.
- Ron Miller, 「Cheaper Sensors Will Fuel The Age Of Smart Everything」, 「TechCrunch」, 2015. 3. 10.
- 주대영·김종기, 「초연결시대 사물인터넷(IoT)의 창조적 융합 활성화 방안」, 산업연구원, 2014. 1. 22.
- Cisco, 「Embracing the Internet of Everything」, 2013.
- 「모든 것을 연결하는 사물 인터넷의 모든 것」, 「IDG Tech Report」, 2013.

 ## 1장 4차 산업혁명으로 가는 출발점, 사물인터넷

사물인터넷이 넘어야 할 산
- 김지현, 「사물인터넷 시대의 산업 패러다임과 주목해야 할 기술」, 정보통신산업진흥원, 2014.
- 임양수·박유진·김선영, 「2015년 IoT 중심의 융합산업 전망: 4대 주요 산업의 이슈 중심으로」, 「DIGIECO」, KT 경제경영 연구소, 2015.
- 박재현, 「IoT 시장의 허와 실」, 「DIGIECO」, KT 경제경영 연구소, 2014.
- 주대영·김종기, 「초연결시대 사물인터넷(IoT)의 창조적 융합 활성화 방안」, 산업연구원, 2014. 1. 22.
- Gartner, "Gartner Hype Cycle, Interpreting Technology Hype".
- "Crossing the chasm for the Internet of Things", 2015., on www.support.com.
- Sonita Lontoh, 「Does Crossing the Chasm Apply to the Industrial IoT World?」, 「The Huffington Post」, 2016. 9. 30.
- 장재현, 「IoT 시장, 성급한 기대보다 소비자의 눈으로 봐야」, 「LG Business Insight」, LG경제연구원, 2014. 7. 1.

◇ 사진출처
1. Gartner.
2. Geoffrey A. Moore, 「Crossing the Chasm」, Marketing and Selling Technology Products to Mainstream

Customers」, HarperCollins, 1991.

총성 없는 전쟁터, 사물인터넷 표준
- 조미라·하우, 「˝열려라 현관문, 켜져라 에어컨˝」, 「주간동아」 341호, 2002. 7. 4.
- 황정수, 「˝특허권 갑질·로열티 폭리˝…공정위, 연 2조 챙겨가는 퀄컴 정조준」, 「한국경제」, 2015. 7. 12.
- Allseen Alliance, on www.allseenalliance.org.
- Open Connectivity Foundation, on www.openconnectivity.org.
- Thread Group, on www.threadgroup.org.
- 김연숙, 「IoT표준 기술 잡아라…글로벌 연합체도 경쟁서 통합으로」, 「연합뉴스」, 2016. 10. 18.
- 김기용, 「세계 IoT시장 5년뒤 1900조원… 車시장 맞먹어」, 「동아일보」, 2015. 6. 16.
- Colin Neagle, 「A guide to the confusing Internet of Things standards world」, 「Network World」, 2014. 7. 21.
- 도강호, 「IoT 바람타고 날개 단 칩 시장, 생태계·저전력·보안이 관건」, 「테크M」, 2015. 4. 30.

◇ 사진출처
1. on www.wired.co.uk.
2. on www.threadgroup.org.
3. on www.allseenalliance.org.
4. on www.webofthink.tistory.com/48.
5. on www.onem2m.org.

사물인터넷의 아킬레스건
- 황원식·김승민, 「사물인터넷 시대 안전망, 융합보안산업」, 「e-KIET 산업경제정보」 제586호, 산업연구원, 2014. 4. 15.
- 길민권, 「VUPEN 문닫고 '제로디움'으로 변신, 국내 취약점 사업은…」, 「데일리시큐」, 2015. 7. 28.
- David Goldman, 「Shodan: The scariest search engine on the Internet」, 「CNN」, 2013. 4. 8.
- Ben Dickson, 「Why IoT Security Is So Critical」, 「TechCrunch」, 2014. 10. 24.
- Shodan, on www.shodan.io.
- T. C. Sottek and Joshua Kopstein, 「Everything you need to know about PRISM」, 「The Verge」, 2013. 7. 17.
- ˝Leaked videos of YOUR camera are being streamed online by Insecam˝, on www.youtube.com/watch?v=_zRFpVyRCaw.
- 인터넷정책팀, 「사물인터넷 보안 위협 동향」, 「KISA」 5호, 한국인터넷진흥원, 2014.
- 배상태·김진경, 「사물인터넷(IoT) 발전과 보안의 패러다임 변화」, 「KISTEP InI」 14호, 2016.
- 「사물인터넷 (IoT) 시대, 보안 없이 사물도 없다」, 특허청 보도자료, 2015.

◇ 사진출처
1. www.shodan.io.
2. www.insecam.com.
3. 「CBS News」.

냉장고를 공짜로 팝니다

- 장진모, 「[월요인터뷰]백악관 IoT 혁신 이끈 이석우 "IoT 핵심은 새로운 서비스…제품 연결 자체는 가치 크지 않아"」, 「한국경제」, 2015. 6. 8.
- BI Intelligence, "THE INTERNET OF EVERYTHING: 2015", 2015.
- 신동형, 「'저성능'의 '소물' 인터넷이 IoT의 지평 넓힌다」, 「LG Business Insight」, LG경제연구원, 2015.
- 「IT 역사상 최대의 기업 합병 완료, 델과 EMC, '델 테크놀로지스'로 새롭게 출범」, Dell 보도자료, 2016.
- 김종대·장재현·정재훈, 「IoT 시대 '서비스 중심'의 신흥강자 부상한다」, 「LG Busi-ness Insight」, LG경제연구원, 2014.
- 백찬규, 「사물인터넷 2탄: 비즈니스 모델을 찾아서」, 「Samsung Daily」, 2014. 6. 19.
- 신동형, 「IoT 시대, 모바일 시대와 달라지는 3가지」, LG디스플레이 블로그, 2014. 10. 22., on www.blog.lgdisplay.com.
- 한지훈, 「2025년 사물인터넷 시장 최대 11조달러 전망」, 「연합뉴스」, 2015. 6. 28.
- 안희권, 「2020년 세계 사물인터넷시장 3배 성장」, 「아이뉴스24」, 2015. 6. 3.
- 박상훈, 「숫자로 본 사물인터넷의 파괴력」, 「IT조선」, 2015. 7. 14.
- 정용창·고성민, 「가트너 부사장, "IoT 시대 생존 위해서는 냉장고를 공짜로 팔아라"」, 「조선비즈」, 2015. 9. 1.

◇ 사진출처

1. Softbank.
2. on www.businessinsider.com/research.
3. Saizenitc.

사물인터넷 시대의 패권은 어디로?

- 조희영, 「구름위를 걷는 IoT…상상이 현실로」, 「매일경제」, 2015. 10. 9.
- 김창욱, 「애플 홈킷 제품 출시… 조명·온도 아이폰으로 조절한다」, 「전자신문」, 2015. 6. 3.
- Apple, on www.apple.com/kr/ios/health.
- 김두환, 「애플의 세번째 헬스케어 플랫폼은 'Care'」, 「MEDI GATE」, 2016. 3. 23.
- Google, Loon Project, on www.x.company/loon.
- Danielle Muoio, 「How Google makes Project Loon balloons」, 「Business Insider」, 2016. 8. 1.
- 「AWS IoT – 사물 인터넷을 위한 클라우드 서비스」, Amazon Web Services 한국 블로그, 2015. 10. 9., on www.aws.amazon.com/ko/blogs/korea.
- 이수환, 「구글과 아마존 사물인터넷(IoT) 경쟁, 핵심은 '허브'」, 「디지털데일리」, 2015. 8. 20.
- 백지영, 「아마존의 야심, "클라우드는 사물인터넷(IoT) 두뇌 역할"」, 「디지털데일리」, 2015. 4. 21.
- Matt Kapko, 「Google's Nest struggles could set back the IoT movement」, 「CIO」, 2016. 4. 8.
- 강일용, 「[구글 I/O 2015] 구글 I/O에서 공개된 구글의 10가지 혁신」, 「IT동아」, 2015. 5. 29.
- 강동철, 「MS·구글·애플의 OS 3强체제, 사물인터넷이 바꾼다」, 「조선비즈」, 2015. 12. 28.
- 박병종, 「구글 "세상 모든 사물 연결하겠다"…삼성·애플과 'IoT 플랫폼 전쟁'」, 「한국경제」, 2015. 5. 29.

◇ 사진출처

1. on www.engadget.com.

2. on www.youtube.com.

3. Nest.

4. Apple.

사물인터넷도 한 걸음부터

- 이어령, 「디지로그: 한국이 이끄는 첨단정보사회, 그 미래를 읽는 키워드생각의 나무」, 생각의 나무, 2008.

- Frederik Balfour, 「Montblanc Rides Smartwatch Wave as E-Strap Sales Top Outlook」, 「Bloomberg」, 2015. 9.
  30.

- 엄보윤, 「사물로 열고 있는 사물인터넷 시대」, 「주간기술동향」 1709호, 정보통신기술진흥센터, 2015. 8. 18.

- Kickstarter, tado° Cooling-Intelligent AC control. on www.kickstarter.com/projects/tado/tado-cooling-
  intelligent-a-c-control.

- Kirk McElhearn, 「Withings Aura review: Track your sleep, and possibly your cat's too」, 「Macworld」, 2015. 3. 9.

- Ry Crist, 「Samsung introduces SleepSense, a tracker for better, smarter sleep」, 「CNET」, 2015. 9. 3.

- Ryan Waniata, 「Everything you need to know about the Google Chromecast and Chromecast Ultra」, 「Digital
  Trends」, 2016. 10. 20.

◇ 사진출처

1. on www.wearablestylenews.com.

2. Tado.

3. on www.coolest-gadgets.com.

4. on www.cincodias.com.

사물인터넷, 공간을 연결하다

- Wikipedia, "Piri Reis map".

- 「The on-demand economy: Workers on tap」, 「The Economist」, 2016. 1. 3.

- 「실내 위치 서비스의 동향 및 전망」, 「DIGIECO」, KT 경제경영 연구소, 2013. 8. 5.

- 김주형, 「실내 공간·위치 정보 기반 서비스 – Minority Report가 가능해 질까」, 정보통신산업진흥원.

- 「비콘, 위치기반 서비스의 핵심 인프라로 급부상」, 「동향과 전망」 73호, 한국방송통신전파진흥원. 2014.

- 유재준·조영수, 「실내 위치기반 서비스 기술개발 및 표준화 동향」, 「ETRI Journal」, ETRI, 2014.

- 「구글의 자체 비콘 플랫폼, 에디스톤」, 「DIGIECO」, KT 경제경영 연구소, 2015.

- 송태민, 「비콘과 웨어러블 디바이스를 이용한 융합서비스 기획 전략」, 정보통신산업진흥원.

- 김석기, 「비콘이 바꾸는 IoT」, 「DIGIECO」, KT 경제경영 연구소, 2014.

- 문고은, 「[주목! 이 기업] 디디콰이디」, 「IPnomics」, 2016. 2. 21.

- 오광진, 「중국판 우버' 디디콰이디 날개를 달다」, 「조선비즈」, 2015. 8. 4.

◇ 사진출처

1. on www.wikimedia.org.

2. Waze.

3. on www.cnews365.org.

 ## 2장 사용하는 기술에서
함께하는 기술로

웨어러블의 탄생

- 「중국 주산(珠算)의 아버지 정대위(程大位)의 고향을 찾아서」, 「중국국제방송국」, 2014. 2. 25.
- Ashley Feinberg, 「This Wearable Abacus Is Basically the World's Oldest Smart Ring」, 「Gizmodo」, 2014. 3. 17.
- Wikipedia, "The Sword of Damocles (virtual reality)".
- Steve Mann, 「Steve Mann: My Augmediated Life」, 「IEEE Spectrum」, 2013. 3. 1.
- David Pierini, 「First wearable computers made you look like a freaking Borg」, 「Cult of Mac」, 2015. 2. 12.
- Ric Manning, 「Poma: A PC that cries `Wear Me'」, 「USA Today」, 2002. 5. 1.
- Sean O'Kane, 「Intel's Curie Module lets anyone build wearables the size of a button」, 「The Verge」, 2015. 1. 6.
- 이정현, 「웨어러블, 향후 IT 시장 주도할까?」, 「지디넷코리아」, 2015. 5. 27.
- 배옥진, 「웨어러블 기기, 사물인터넷 시장 이끈다」, 「전자신문」, 2015. 7. 23.

◇ **사진출처**

1. Baidu.
2. 「Forbes」.
3. on www.britannica.com.
4. on www.cultofmac.com.

웨어러블, 아름답거나 눈에 띄지 않거나

- 김민주, 「데카르트 마케팅이 주목 받는 이유」, 2012., on www.cheil.com.
- 박순찬, 「기술과 예술(Tech+Art)의 결합… 진화하는 데카르트 마케팅」, 「조선비즈」, 2012. 4. 30.
- 안석현, 「[웨어러블포럼] 소니 부①~⑨」, 「조선비즈」, 2015.
- David Curry, 「Samsung's Gear S2 gets a makeover from Italian designer Alessandro Mendini」, 「Digital Trends」, 2015. 11. 3.
- Chris Velazco, 「Intel's MICA smart bracelet has more style than substance (hands-on)」, 「Engadge」, 2014. 11. 17.
- James Stables, 「Misfit's Swarovski Shine is world's first solar powered wearable tracker」, 「Wareable」, 2015. 1. 5.
- Samantha Murphy, 「Tory Burch for Fitbit Collection: The Most Fashionable Wearable Accessories Yet」, 「Mashable」, 2014. 7. 15.
- Joanna Stern, 「Review: Electronic Jewelry Can Keep You From Getting Sunburned」, 「The Wall Street Journal」, 2014. 6. 10.
- Megan Willett, 「I tried the high-tech ring that lights up when you get a text, but it didn't live up to the

hype」,「Business Insider Australia」, 2015. 8. 5.

◇ 사진출처

1. 삼성전자.

2. Intel.

3. Misfit.

4. Fitbit.

5. Ringly.

6. on www.wearable.com.

7.「테크홀릭」

행복을 위한 웨어러블

- Jason Mick,「From HULC to FORTIS: the Evolution of Lockheed Martin's Incredible Exosuit」,「Daily Tech」, 2014. 8. 22.
- Lockheed Martin,「U.S. Navy To Test And Evaluate Lockheed Martin Industrial Exoskeletons」, 2014., on www. lockheedmartin.com/us/news/press-releases/2014/august/mfc-081814-US-Navy-To-Test-And-Evaluate. html.
- 순정우,「톰크루즈 착용 '전투수트' 실용화 눈앞」,「NewDaily」, 2014. 6. 7.
- 윤희석,「[사이언스 인 미디어]웨어러블 로봇의 미래…'아이언맨'」,「전자신문」, 2015. 1. 25.
- 고란,「파나소닉, 웨어러블 로봇 '어시스트 수트' 9월 출시」,「중앙일보」, 2015. 7. 2.
- 이우상,「'아이언맨'슈트 입고 외계인과 싸워라」,「동아사이언스」, 2014. 6. 22.
- 이석원,「강화 외골격이 주목하는 시장」,「테크홀릭」, 2015. 7. 20.
- 박주호,「'웨어러블 로봇'이 온다 ①, '웨어러블 기기'를 이을 차세대 주자로 등장」,「데이터뉴스」, 2014. 12. 27.
- 박주호,「'웨어러블 로봇'이 온다 ②, 수많은 장애인들이 '뛰는 시대' 곧 올까」,「데이터뉴스」, 2014. 12. 27.
- 양욱,「전장 누빌 '아이언맨'이 오고 있다」,「시사저널」, 2011. 7. 12.
- 김혜민,「[로봇프런티어, 대한민국] (3) 입는 로봇, 당신을 슈퍼맨으로」,「파이낸셜뉴스」, 2014. 10. 19.
-「혼다, 보행재활장비 '혼다 보행 어시스트' 발표」,「로봇신문」, 2015. 7. 22.

◇ 사진출처

1. on www.rewalk.com.

2. on www.edgeoftomorrowmovie.com.

3. on www.www.slideplayer.com.

4. Lockheed Martin.

5. Honda.

6. on www.tsukuba.ac.jp.

디지털 치매

- 김일주,「에란 카츠 "암기는 창조의 어머니"」,「한겨레」, 2008. 4. 28.

- 기선민, 「[Family리빙] '기억력 천재' 유대인 에란 카츠」, 「중앙일보」, 2007. 3. 20.
- 인터넷뉴스부, 「국립국어원, '디지털 치매증후군' 신조어로 등재 "무슨 뜻이길래?"」, 「중부일보」, 2014. 6. 9.
- Tim Elmore, 「Nomophobia: A Rising Trend in Students」, 「Psychology Today」, 2014. 9. 18.
- Meghan Holohan, 「Smartphone separation anxiety: How bad is your nomophobia?」, 「Today」, 2015. 5. 14.
- Teana Kim, 「결정장애 세대(Generation Maybe)」, 2016. 30. 20., on www.brunch.co.kr/@teanakim/5.
- 김치중, 「"결정장애"의 시대, 당신은 안녕한가」, 「한국일보」, 2016. 8. 30.
- 서기만, 「Exobrain(外腦) 시대가 오고 있다」, 「LG Business Insight」, LG경제연구원, 2012.

◇ **사진출처**

1. on www.youtube.com.
2. on www.phonearena.com.

적정기술, IT를 만나다

- 김정태·홍성욱, 「적정기술이란 무엇인가: 세상을 바꾸는 희망의 기술」, 살림출판사, 2011.
- 섬광, 「세상에 대하여 우리가 더 잘 알아야 할 교양 25. 적정기술, 모두를 위해 지속가능해질까?」, 내인생의책,
  2013.
- Appropedia, on www.appropedia.org.
- "The Wearables for Good Challenge", on www.wearablesforgood.com.
- Andrea Chin, 「INDEX: award 2015 winners revealed」, 「Designboom」, 2015. 8. 27.
- Sara Ashley O'Brien and Aimee Rawlins, 「Upstarts: The Playmakers」, 「CNN」, 2015. 7. 1.
- 오원석, 「유니세프·ARM, 사람 돕는 웨어러블 만들자」, 「블로터」, 2015. 5. 20.
- "Unicef Innovation labs", on www.unicef.org/innovation/innovation_73201.html.
- 「소외된 계층을 위한 디자인 적정기술」, 「Designmap」, 2013.
- 김준래, 「융합으로 거듭나는 최신 '적정기술'」, 「The Science Times」, 2015. 1. 5.
- 강기헌, 「1700만 명 가난서 해방시킨 '적정기술의 아버지'」, 「중앙일보」, 2015. 10. 21.

◇ **사진출처**

1. UNICEF.
2. on www.volitan.tistory.com/31.
3. on pinterest.com.
4. on www.appropedia.org.
5. Index: Award.
6. on www.ecologiaverde.com.

스마트센서, 스포츠도 스마트하게

- 김정운, 「에디톨로지: 창조는 편집이다」, 21세기북스, 2014.
- 박상훈, 「[디지털 육감] ⑪ 승리를 부르는 '식스센스'…스포츠 속 사물인터넷」, 「IT조선」, 2015. 2. 20.
- 오원석, 「번쩍번쩍, 두근두근…IoT와 함께 뛰는 스포츠」, 「블로터」, 2015. 9. 21.

- Ted Burnham, 「Connected Sports Sensors: Zepp Motion」, 「Postscapes」.

- Ted Burnham, 「Analytics Wearable: RunScribe」, 「Postscapes」.

- Aliya Barnwell, 「Find your way without an annoying navigator in your ear with Beeline, the smart compass」, 「Digital Trends」, 2015. 11. 2.

- Pete Sena, 「How the Internet of Things is Poised to Shake Up Sports Marketing」, 「Adweek」, 2015. 6. 8.

- Patrick Thibodeau, 「The Internet of Things for sports is quickly taking shape」, 「Computerworld」, 2014. 1. 23.

- 이강봉, 「인간에게 도전하다…스마트 센서」, 「The Science Times」, 2013. 5. 10.

- Tim Hornyak, 「Sony serves up tennis swing-analyzing sensor in US, Canada」, 「PCworld」, 2014. 8. 21.

- 이석원, 「이 자전거 내비…방향만 알려준다」, 「테크홀릭」, 2015. 11. 12.

- Edgar Alvarez, 「One for the future: playing with the new Adidas miCoach Smart Ball」, 「Engadget」, 2014. 7. 11.

◇ 사진출처

1. on www.martinhajek.com.

2. on www.postscapes.com.

3. on www.epson.com.

4. on www.swingtalkgolf.com.

5. Adidas.

6. www.beeline.co.

7. on www.smarthalo.bike.

 3장 스마트카 현실화를 위한 열쇠

스마트카를 향한 IT 기업의 도전

- Jonathan Evans, 「Here's How to Finally Get Your Own Back to the Future Self-Lacing Nike Mag Sneakers」, 「Eesquire」, 2016. 10. 4.

- Bjorn Carey, 「Introducing MARTY, Stanford's self-driving, electric, drifting DeLorean」, 「Stanford News」, 2015. 10. 20.

- "The World's Most Innovative Companies", on www.forbes.com/innovative-companies/list/#tab:rank.

- 박상우, 「테슬라 모델S, 올 3분기 美 럭셔리 세단 시장 지배」, 「오토데일리」, 2016. 10. 13.

- Bryan Logan, 「Electric-car startup Faraday Future could introduce its first production concept cars very soon」, 「Business Insider」, 2016. 4. 21.

- Tamara Warren, 「Inside Faraday Future, the secretive car company chasing Tesla」, 「The Verge」, 2015. 11. 19.

- Lulu Chang, 「Apple's letter to the NHTSA hints that there may be some truth to Project Titan」, 「Digital Trends」, 2016. 12. 3.

- Danielle Muoio, 「Here's everything we know about Apple's secretive car project」, 「Business Insider」, 2016. 8. 14.

- 김들풀, 「300만km 달린 '구글 무인 자율주행차', 무엇을 배워야 하나?」, 「IT News」, 2016. 2. 4.

◇ 사진출처

1. on www.lexus-int.com.

2. on www.news.nike.com.

3. on www.wikipedia.org.

4. Tesla.

5. on www.thegear.co.kr.

6. on www.motortrend.com.

IT 기업과 자동차 업계의 한판 대결

- Barnaby J. Feder, 「Stanford R. Ovshinsky Dies at 89, a Self-Taught Maverick in Electronics」, 「The New York Times」, 2012. 10. 18.

- Joann Muller, 「Stanford Ovshinsky, Battery Genius Behind Smartphones And Hybrids, Dies At 89」, 「Forbes」, 2012. 10. 18.

- Wikipedia, "Who Killed the Electric Car?".

- "Who Killed the Electric Car?", on www.whokilledtheelectriccar.com.

- Arianna Huffington, 「Who Killed the Electric Car?」, 「The Huffington Post」, 2006. 7. 4.

- Pete Bigelow, 「Why Ford decided to create a 'Smart Mobility' subsidiary」, 「Autoblog」, 2016. 3. 13.

- Barclays, 「Disruptive Mobility, A SCENARIO FOR 2040」, 2015. 12. 1., on www.investmentbank.barclays.com/our-insights/disruptive-mobility.html.

◇ 사진출처

1. on www.whokilledtheelectriccar.com.

2. on www.wired.co.uk.

3. Daimler.

1. on www.chademo.com.

중국의 스마트카 굴기 ^{특론}

- 진상훈, 「中 자동차 부품기업 완상, 美 전기차업체 피스커 인수」, 「조선비즈」, 2014. 2. 16.

- 김성원, 「中 BAT(바이두/알리바바/텐센트), 스마트카 전쟁을 선포하다」, 「Kotra 해외시장뉴스」, 2015. 5. 27.

- 김신희, 「中 지리자동차, 볼보 인수한 비결은?」, 「머니투데이」, 2013. 7. 29.

- 유효, 「프랑스의 상징 푸조, 중국 회사로 넘어가나?」, 「조선비즈」, 2014. 1. 22.

- Gillian Wong, 「Baidu's Andrew Ng on Deep Learning and Innovation in Silicon Valley」, 「The Wall Street Journal」, 2014. 11. 21.

- 김들풀, 「바이두 '자율주행 자동차' 처음부터 완벽하게…우리 현실는 암울」, 「IT News」, 2015. 12. 21.

- 임민철, 「알리바바, 자체OS로 스마트카 시장 진입」, 「지디넷코리아」, 2016. 7. 8.

- 배효진, 「포드, 텐센트와 '중국용' 커넥티드카 만든다」, 「뉴스핌」, 2015. 2. 17.

- 김승민, 「중국 스마트 자동차 개발 동향과 시사점」, 산업연구원, 2015. 6. 24.
- 류호, 「중국의 대부호 러스왕, 미국 '패러데이퓨처'와 손잡고 전기차 진출…2016 CES서 첫 콘셉트카 공개」, 「조선비즈」, 2015. 12. 19.
- 황승환, 「테슬라를 추월한 중국 전기차 'BYD'에 대한 10가지 정보」, 「The Gear」, 2016. 6. 29.
- 성연철, 「전기차에 꽂힌 중국 기업들…속속 실리콘밸리로」, 「한겨레」, 2015. 9. 20.
- 최중혁·최진석, 「[역사를 바꾼 자동차 M&A 명장면] 세계 자동차 산업 뒤흔든 '차이나 파워'」, 「한경Business」 제953호, 2014. 3. 3.

◇ 사진출처

1. on www.gas2.org.
2. Baidu.
3. 「Business Insider」.

커넥티드카, 스마트카 대전의 서막

- GM Heritage Center, on www.gmheritagecenter.com.
- 이호, 「자동차의 새로운 변화 : 커넥티드 카」, 「월간SW중심사회」 2015년 5월호, 소프트웨어정책연구소, 2015.
- 류경동, 「[ET서베이]스마트폰 전쟁, '커넥티드카'로 전이 양상」, 「전자신문」, 2015. 7. 13.
- John Greenough, 「Apple's CarPlay and Google's Android Auto will soon dominate connected car services」, 2015. 7. 25.
- 전수진, 「성장 기대되는 중국 커넥티드카 시장」, 「Kotra 해외시장뉴스」, 2015. 8. 13.
- 박상훈, 「"5년내 자동차 95% 인터넷 연결"…커넥티드카 시장은 '고속 질주' 중」, 「IT조선」, 2015. 5. 25.

◇ 사진출처

1. on www.gmheritagecenter.com.
2. on www.autoconnectedcar.com.
3. Tesla.

자율주행차의 성공을 위한 조건

- 「Why Self-Driving Cars Must be Programmed to Kill」, 「MIT Technology Review」, 2015. 10. 22.
- 디트마어 H. 람파르터, 「자동차의 진화, 한계는 어디인가」, 「Economy Insight」 제60호, 2015. 4. 1.
- Xavier Mosquet et al., 「Revolution in the Driver's Seat: The Road to Autonomous Vehicles」, 「bcg. perspectives」, 2015. 4. 21.
- 「자율주행자동차 시장 현황과 전망」, 「월간로봇」, 2015. 3. 20.
- 오원석, 「구글 "자율주행차도 운전자 필요해"」, 「블로터」, 2015. 9. 30.

◇ 사진출처

1. 「MIT Technology Review」.
2. eBest.
3. on www.pickar.caltech.edu.

4. on www.spectrum.ieee.org.

 ### 4장 로봇이 수술하고,
드론이 배달하는 시대

로봇, 걸어다니는 스마트폰

- 할매네 로봇, on www.program.tving.com/tvn/robot.
- Wikipedia, "Moravec's Paradox".
- Jonathan Vanian, 「5 Fascinating Facts about the Booming Robot Market」, 『Fortune』, 2015. 11. 7.
- 장영, 「미국 첨단제조업 촉진 방안 보고서」, 『KIAT 산업기술정책 브리프』 2014-55호, 한국산업기술진흥원, 2014.
- Wikipedia, "로봇공학의 삼원칙(Three Laws of Robotics)".
- 노승욱, 「성큼 다가온 로봇 시대, 주인님은 창의적인 일만 하세요」, 『매일경제』, 2015. 8. 24.

◇ **사진출처**

1. tvN.
2. 『The Wall Street Journal』.
3. on www.v3.co.uk.

인간과 기계의 사랑?

- 이용성·한수연, 「영화 '그녀(Her)'가 현실로?…인공지능과 사랑에 빠질 날 머지 않았다」, 『조선비즈』, 2015. 3. 18.
- 박은주, 「日서 소니 로봇강아지 '아이보' 장례식 열려」, 『베타뉴스』, 2015. 3. 1.
- Takashi Mochizuki and Eric Pfanner, 「막막하고 쓸쓸한 로봇 강아지 주인들, 소니 '아이보' 기술지원 중단」, 『The Wall Street Journal』, 2015. 2. 13.
- Tablecloth, 「로봇 강아지 AIBO의 집단 장례식 주지 스님 "물건에도 마음이 있다"」, 2015. 6. 26., on m.blog.naver. com/hapo777/2204026737682015., 원문은 on www.asahi.com/articles/ASH5Y4T1BH5YUDCB00J.html.
- 박지애, 「日 열도, 로봇 '페퍼'에 반하다」, 『파이낸셜뉴스』, 2016. 1. 8.
- 정주호, 「中방송에 '인공지능' 기상캐스터…"스모그니까 약속잡지마세요"」, 『연합뉴스』 2015. 12. 25.
- C. Custer, 「I tried to make Microsoft's Chinese chatbot racist. Here's how she stacked up to Tay」, 『Tech in Asia』, 2016. 4. 4.
- 김민희, 「워드스미스 기자 1년간 기사 수십만 건 쏟아내」, 『주간조선』 제2353호, 2015. 4. 20.
- 주영재, 「닻 올린 로봇 저널리즘…"분석기사 작성에서도 파괴력 가져"」, 『경향비즈』, 2016. 2. 2.
- 이윤수, 「페퍼, 인간의 감정을 가진 로봇인가」, 『지디넷코리아』, 2015. 8. 21.
- John Markoff and Paul Mozur, 「For Sympathetic Ear, More Chinese Turn to Smartphone Program」, 『The New York Times』, 2015. 7. 31.
- 「중국, 일기예보 인공지능 로봇 런칭」, 『로봇신문』, 2015. 12. 26.
- 이성규, 「로봇 vs 기자, 독자는 기사 차이 못 느꼈다」, 『블로터』, 2014. 10. 30.
- 조민지, 「로봇이 야구기사를 쓴다…그런데 아주 잘 쓴다」, 『뉴스1』, 2015. 5. 25.

- 「소셜 로봇 '지보', 게임 체인저가 될 수 있을까」, 「로봇신문」, 2015. 12. 28.

◇ 사진출처
1. 「The New York Times」.
2. Baidu.
3. on www.digitaljournal.com.
4. Jibo.

로봇 수술, 대세인가 상술인가

- Stewart Pinkerton, 「The Pros and Cons of Robotic Surgery」, 「The Wall Street Journal」, 2013. 11. 17.
- 임솔, 「30조 수술로봇시장, 국산화는 요원한가?」, 「메디칼옵저버」, 2014. 4. 23.
- 이상언, 「정확하고 빠른 '로봇 명의'…전립샘암 수술 80% 맡아」, 「중앙일보」, 2016. 1. 14.
- 신성식, 「암 로봇수술, 건보 적용 추진」, 「중앙일보」, 2015. 11. 3.
- 김상기, 「점점 정교해지고 다양해지는 '다빈치 로봇수술'…문제는 비용부담」, 「라포르시안」, 2015. 9. 2.
- 「의료로봇의 현재와 미래」, 「후생신보」, 2015. 1. 19.
- 「Johnson & Johnson Announces Formation Of Verb Surgical Inc., In Collaboration With Verily」, 「PR Newswire」, 2015. 12. 10.
- 방보경, 「美, 의료용 로봇의 범위 확장과 최신 트렌드」, 「Kotra 해외시장뉴스」, 2015. 6. 15.
- 김주연, 「해킹 취약, 네트워크 연결 지연' 원격 수술, 아직은…」, 「전자신문」, 2015. 5. 6.

◇ 사진출처
1. JTBC.
2. Intuitive Surgical.
3. Intuitive Surgical.
4. 「Nature」.

드론 열전 ^{제2장}

- Jack Nicas, 「A Consumer-Drone Pioneer: 'We're Learning as We Go'」, 「The Wall Street Journal」, 2015. 4. 8.
- Regan Morris, 「The Mexican immigrant who set up a global drone firm」, 「BBC」, 2015. 2. 23.
- Alyson Shontell, 「A Hot-Shot Magazine Editor And A Tijuana Teenager Met Online And Made $5 Million Building Drones」, 「Business Insider Singapore」, 2014. 12. 22.
- Benjamin Wachenje, 「Jordi Munoz and Chris Anderson」, 「CNBC」, 2014.
- 이방실, 「[동아비즈니스포럼 2015] "3D로보틱스, 개방형 생태계 구축으로 급성장"」, 「동아일보」, 2015. 11. 20.
- 이정아, 「① 드론계의 애플, DJI」, 「Hook Tech&Science」, 2016. 7. 30.
- 이정아, 「② '집단지성'에 주목하다, 3D 로보틱스」, 「Hook Tech&Science」, 2015. 8. 8.
- 이정아, 「③ 미니드론 왕자, 프랑스의 패럿」, 「Hook Tech&Science」, 2016. 8. 11.
- 「프랭크 왕(Frank Wang)DJI의 CEO」, 한화자산운용 공식블로그 '펀드펀드', 2016. 1. 15., on m.blog.naver.com/hanwhaasset/220598297123.
- Heng Shao, 「Drone Overlord Frank Wang On DJI's Milestones, Miscarried GoPro Partnership & Corporate

Espionage」, 「Forbes」, 2015. 5. 7.
- Colum Murphy, 「Q&A: Chinese Drone Founder Explains Why Steve Jobs Is His Role Model」, 「The Wall Street Journal」, 2015. 11. 10.
- Jack Nicas, 「Low-Cost Drone Maker Takes On Rivals, Parrot…」, 「The Wall Street Journal」, 2015. 7. 7.
- Ryan Mac, 「Parrot CEO Predicts 'Bloody' Year Ahead For Drone Companies」, 「Forbes」, 2015. 11. 17.
- 민상식, 「프랑스 재벌가 출신 '007 본드걸'…"가문의 도움은 없었다"」, 「헤럴드경제」, 2015. 3. 24.

◇ 사진출처
1. 「Business Insider」.
2. on www.diydrones.com.
3. 「YTN」.
4. on www.ust.hk.
5. 「The Wall Street Journal」.
6. on www.voici.fr.
7. on www.youtube.com.

드론의 비상
- Matt Novak, 「Marilyn Monroe Assembled Drones During World War II」, 「Paleofuture」, 2013. 7. 26.
- Michael Beschloss, 「Marilyn Monroe's World War II Drone Program」, 「The New York Times」, 2014. 6. 3.
- Ashley Collman, 「Marilyn the Riveter: New photos show Norma Jean working at a military factory during the height of World War II」, 「Daily Mail」, 2013. 7. 27.
- 배수경, 「[2016 드론 산업 원년] '하늘 위 산업혁명' 시작됐다」, 「이투데이」, 2016. 1. 14.
- Garrett Hering, 「Sky's the limit: Drone makers target sustainability」, 「GreenBiz」, 2014. 7. 14.
- 김남희, 「드론 에너지 산업으로 영역 확장…"위험 작업 사람 대체" 스카이캐치」, 「조선비즈」, 2014. 4. 25.
- Clay Dillow, 「'드론 시대'가 열리다」, 「포춘코리아」 제70호, 2015.
- 최연진, 「무인항공기의 세계: [IT이슈] 100년 역사의 '드론', 다용도로 쓰여」, 「더피알」, 2014. 5. 9.
- 이석원, 「킬러에서 상품배송까지…'드론의 역사'」, 「테크홀릭」, 2014. 12. 12.
- 문성태, 「비행제어·장애물 회피…임무수행 핵심」, 「테크M」, 2015. 5. 23.
- 성낙환, 「드론 확산에 따른 사회문제는」, 「테크M」, 2015. 5. 24.

◇ 사진출처
1. by David Conover.
2. on www.globalsecurity.org.
3. on www.northropgrumman.com.
4. on www.guinnessworldrecords.com.
5. on www.youtube.com.
6. 「The Verge」.

드론, 떠오르는 성공의 열쇠

- Tim Harbert, 「차세대 데이터 수집 도구 드론, 기업 활용 현황과 미래」, 『ITWorld』, 2015. 4. 17.
- 유진상, 「드론, 이제는 플랫폼 전쟁이다」, 『IT조선』, 2015. 7. 19.
- 이형근, 「드론 OS' 개방형-상용SW 주도권 경쟁」, 『디지털타임스』, 2015. 4. 16.
- Tom Vanderbilt, 「드론계의 마이크로소프트 Airware – 1」, 『GQ Korea』, 2015.
- Tom Vanderbilt, 「드론계의 마이크로소프트 Airware – 2」, 『GQ Korea』, 2015.
- 이길성, 「Now Economy! 드론 혁명 눈앞에」, 『IT조선』, 2015. 8. 21.
- 곽혜림, 「드론 파일럿 하실래요? 항공촬영시장의 우버화」, 『드론스타팅』, 2015. 9. 2.
- Jack Nicas, 「Drones' Next Job: Construction Work」, 『The Wall Street Journal』, 2015. 1. 20.
- Matt McFarland, 「What drones can do for construction sites」, 『The Washington Post』, 2015. 11. 12.
- Thomas Black, 「Avalon-Backed Skycatch Seeks $30 Million as Drone Funding Flows」, 『Bloomberg』, 2015. 5. 26.
- Josh Constine, 「Airware And DJI/Accel Launch Drone Investment Funds」, 『TechCrunch』, 2015. 5. 27.
- Josh Constine, 「DroneBase Lets Any Business Rent A Drone And Pilot」, 『TechCrunch』, 2015. 4. 29.
- Kia Kokalitcheva, 「PrecisionHawk raises $10M for its land-surveying drones」, 『VentureBeat』, 2014. 11. 18.
- Catherine Shu, 「DJI's Latest Drone Saves Crops From Pests」, 『TechCrunch』, 2015. 11. 26.
- 이석원, 「드론이 만드는 '데이터 농업 시대'」, 『테크홀릭』, 2015. 4. 30.
- Chris Anderson, 「10 Breakthrough Technologies - Agricultural Drones」, 『MIT Technology Review』, 2015.
- 조재성, 「구글·페이스북 '통신 드론' 공습, 선진국은 예외라고?」, 『이코노믹리뷰』, 2016. 2. 3.
- Thomas Frey, 「92 Future Uses for Flying Drones」, 『FuturistSpeaker』, 2014. 11. 2.

◇ 사진출처

1. on www.airinov.fr.
2. Baidu.
3. on www.parrot.com.
4. on www.skycatch.com.
5. on www.dronebase.com.
6. on www.futuristspeaker.com.

5장 상상 그 이상의 현실

3D 프린팅, 패션을 출력하다

- 한상기, 「3D 프린팅의 새로운 기술과 미래」, 『KISA Report』 2015년 6월 3D프린팅편, 한국인터넷진흥원, 2015.
- 유선애, 「패션 디자이너의 신무기, 3D 프린팅」, 『Luxury』 2014년 9월호, 2014.
- Hannah Rose Mendoza, 「Noa Raviv Shows Off Her Amazing 3D Printed Fashion」, 『3DPrint.com』, 2014. 8. 23.
- Kryshel Charles, 「3D Printing: A Fashion Revolution」, 『Style Thrive』, 2015. 7. 6.
- 전종현, 「[3D 프린팅] 아이리스 반 헤르펜」, 『월간디자인』, 2014년 2월호, 디자인하우스, 2014.

- 강이슬, 「3D 프린팅 만난 패션계-下」 걸음마 뗀 3D 프린팅 패션, 성장 가능성 높다」, 「뉴스투데이」, 2015. 9. 4.
- 김경은, 「샤넬이 '3D 프린터'에 꽂힌 이유는」, 「조선일보」, 2015. 8. 26.
- 이석원, 「샤넬과 3D 프린터가 만나면…」, 「테크홀릭」, 2015. 10. 1.
- 심희정, 「패션 산업의 새로운 돌파구, 3D 프린팅: Wearable 3D」, 「Luxury」 2016년 2월호, 디자인하우스, 2016.
- 「Noa Raviv won the award for "Best Fashion Designer of the Year" for her 3D graduate-collection」, 2016., on www.shenkar.ac.il.
- Ruth Perl Baharir, 「Young Israeli Designer Learns the Power of Error」, 「haaretz」, 2015. 11. 25.
- 정기창, 「3D 프린팅 '융복합 의류' 어디까지?」, 「한국섬유신문」, 2015. 8. 20.

◇ 사진출처

1. on www.irisvanherpen.com.
2. on www.proto3000.com.
3. on www.papermag.com.
4. on www.businesswire.com.
5. on www.maven46.com.
6. on www.shenkar.ac.il.
7. on www.danitpeleg.com.

책상 위의 공장, 3D 프린터

- 차주경, 「주가 변화로 본 3D 프린터 제조사」, 「IT조선」, 2015. 7. 19.
- 윤이진, 「3D 프린팅, 정말 세상을 바꿀만한 혁신일까」, 「Kotra 해외시장뉴스」, 2015. 8. 27.
- 김혜진, 「국내 업체, 개인용 3D 프린터 경쟁 안 돼…산업용 메탈 프린터 기회 '겨냥'」, 「CCTV News」, 2016.
- Lucas Mearian, 「"3D 프린터 시장, 매년 2배씩 성장"…보급형 제품이 고속 성장 주도」, 「ITWorld」, 2015. 10. 1.
- 이강봉, 「3D 프린터로 집을 짓는다」, 「The Science Times」, 2016. 2. 16.
- 옥철, 「CES서 가장 크게 성장할 미래 아이템은…3D 프린터 1위」, 「연합뉴스」, 2016. 1. 10.
- 함승민, 「[신기술의 허와 실] 신기술일까, 신기루일까?」, 「이코노미스트」 제1288호, 2015. 6. 8.

◇ 사진출처

1. on www.hacedores.com.
2. on www.3dsystems.com.
3. on www.eora3d.com.
4. on www.youtube.com.
5. on www.cgarea.net.

3D 프린팅은 이제부터 시작이다

- Lucas Mearian, 「4년 후 지금의 3배 규모' 3D 프린팅 산업 전망」, 「CIO Korea」, 2016. 5. 9.
- Aaron Tilley, 「Google And Yuri Milner Invest $100 Million In This Hot 3-D Printing Startup At A $1 Billion Valuation」, 「Forbes」, 2015. 8. 20.

- John R. Tumbleston et al., 「Continuous liquid interface production of 3D objects」, 「Science」, 2015. 3. 20.
- Duncan Geere, 「Carbon3D printer is super speedy thanks to light and oxygen」, 「Wired」, 2015. 3. 18.
- Lexi Pandell, 「With This 3-D Printer, Objects Emerge From a Plastic Soup」, 「Wired」, 2015. 10. 1.
- 신선미, 「5cm 크기 10분 만에 인쇄하는 3D 프린터 개발」, 「동아사이언스」, 2015. 3. 17.
- Arthur Cassaignau, 「Introducing the Carbon 3D Printer and CLIP technology」, 2016. 3. 1., on www.sculpteo.
  com/blog/2016/03/01/introducing-the-carbon-3d-printer-and-clip-technology.
- 「적층가공 기술 (3D 프린팅) : 미국 제조업 경쟁력 강화를 위한 잠재적 영향력」, 한국산업기술진흥원, 2015. 6. 10.
- Aaron Tilley, 「How Carbon3D Plans To Transform The Way We Make Stuff」, 「Fobes」, 2015. 11. 4.
- Michael Molitch-Hou, 「Johnson & Johnson Taps Carbon 3D for Medical 3D Printing」, 「3D Printing Industry」,
  2016. 1. 25.
- Wanda Lau, 「Startup Carbon Makes Its 3D-Printing Technology Public」, 「Architect Magazine」, 2016. 3. 2.
- 이원영, 「최대 100배 빠른 3D 프린터 나온다」, 「테크홀릭」, 2015. 4. 2.
- 권건호, 「[과학 핫이슈] 3D 넘어서는 4D프린팅」, 「전자신문」, 2015. 9. 7.
- 이슬기, 「4D 프린터 시대 열린다」, 「The Science Times」, 2015. 3. 18.
- 최현숙, 「티타늄에서 그래핀까지…소재가 3D 프린팅의 핵심」, 「MTN」, 2016. 2. 21.

◇ 사진출처

1. 「Science」
2. on www.carbon3d.com.
3. on www.selfassemblylab.net.

가상현실의 부활

- Mathias Döpfner, 「Mark Zuckerberg talks about the future of Facebook, virtual reality and artificial
  intelligence」, 「Business Insider」, 2016. 2. 28.
- Taylor Clarkon, 「How Palmer Luckey Created Oculus Rift」, 「Smithsonian Magazine」, 2014.
- David M. Ewalt, 「Palmer Luckey: Defying Reality」, 「Forbes」, 2015. 1. 5.
- Alexandra Wolfe, 「Palmer Luckey: Making Virtual Reality a Reality」, 「The Wall Street Journal」, 2015. 8. 7.
- Jillian D'Onfro and Madeline Stone, 「The spectacularly successful life of Palmer Luckey, the 22-year-old who
  sold his startup to Facebook for $2 billion」, 「Business Insider」, 2015. 11. 15.
- 「모바일로 느끼는 가상현실. 페이스북과 삼성이 주시한 오큘러스?」, 「Forbes Korea」, 2015. 2. 24.
- 차정인, 「[인터뷰] '2조원'의 19살 청년, 오큘러스, 매트릭스 보고 영감 얻었다」, 「KBS」, 2015. 4. 23.
- 김성완, 「존 카맥·팀 스위니 등 게임 전설들 VR 빠지다」, 「게임톡」, 2015. 10. 5.
- 김성수, 「[글로벌파워리더] 스무살에 '가상현실' 시장 창조한 팔머 럭키」, 「뉴스핌」, 2015. 8. 14.
- Luisa Kroll, 「America's Richest Entrepreneurs Under 40」, 「Forbes」, 2015. 11. 18.

◇ 사진출처

1. 「Vanity Fair」
2. 「Time」
3. 「Forbes」

4. on www.kickstarter.com.

5. on www.popsci.com.

증강현실, 가상현실 너머의 세계
- Tom Simonite, 「How Magic Leap's Augmented Reality Works」, 「MIT Technology Review」, 2014. 10. 23.
- John Gaudiosi, 「Magic Leap Leads $1.1 Billion Wave of VR and AR Investment」, 「Fortune」, 2016. 3. 8.
- Sean Hollister, 「How Magic Leap Is Secretly Creating a New Alternate Reality」, 「Gizmodo」, 2014. 11. 19.
- "Magic Leap AR Technology and Application Reviewed", 2016., on www.virtualrealityreporter.com.
- Steven Schkolne, 「Magic Leap's Biggest Secrets Finally Revealed」, 「The Huffington Post」, 2016. 3. 9.
- Jessi Hempel, 「The man behind the hidden world of magic leap」, 「Wired」, 2015. 4. 21.
- "Magic Leap 不得不說的秘密", 2016., on www.medium.com.
- 황인혁, 「구글·알리바바가 돈 싸들고 구애하는 이 기술」, 「매일경제」, 2016. 2. 3.
- 황인혁, 「美 구글도 中 알리바바도 구애하는 '벤처업계의 갑' 매직리프」, 「매일경제」, 2016. 2. 3.
- 장길수, 「베일에 싸인 증강현실 미래 개척자, 매직리프」, 「테크M」, 2015. 12. 11.
- 권소현, 「알리바바·구글 홀린 美 증강현실 스타트업」, 「이데일리」, 2016. 2. 3.
- 김수진, 「구글, 매직리프에 6천억 투자해 구글글라스 부활 노려」, 「비즈니스포스트」, 2015. 4. 26.
- 레이첼 메츠, 「MIT 선정 혁신 기술 ①매직리프」, 「테크M」, 2015. 4. 2.

◇ **사진출처**

1. on www.magicleap.com.

2. by Eric Seibel.

3. on www.dezeen.com.

4. on www.nbcnews.com.

가상현실, 꿈과 현실 사이
- 이우근, 「끝없는 가능성을 향해 열리고 있는 가상현실의 문」, LG경제연구원, 2016. 3. 23.
- 김원희, 「VR 게임이 넘어야 할 다섯가지 난관」, 「게임동아」, 2016. 3. 3.
- 김혜미, 「[VR. 혁명인가 허상인가] ① 스마트폰 잇는 VR시대 온다」, 「이데일리」, 2016. 3. 8.
- 김혜미, 「[VR. 혁명인가 허상인가] ④ 별들의 전쟁..IT업계 판도 바뀔까」, 「이데일리」, 2016. 3. 10.
- 박선미, 「[VR이 뜬다] ① 가상현실, 어디까지 왔나」, 「아주경제」, 2016. 3. 13.
- 이상호, 「구글 카드보드서 오큘러스 리프트까지 올해 주목할 VR 디바이스는?」, 「보드나라」, 2016. 1. 11.
- 정윤형, 「기술만큼 우려되는 가상현실(VR) 부작용」, 「시사저널」, 2016. 3. 7.
- 박지은, 「[기자의눈] VR 원년? 갈길이 구만리」, 「아시아투데이」, 2016. 3. 3.
- 김지석, 「가상현실의 명암」, 「매일신문」, 2016. 3. 1.
- 정지훈, 「안경 끼고 만나는 '가상현실' 마냥 좋아해도 되나」, 「한국일보」, 2015. 8. 9.
- Glenn McDonald, 「"어느새 코앞에 다가온" SF 영화 속 오싹한 가상현실들」, 「ITWorld」, 2014. 9. 6.
- Mike Elgan, 「구글 프로젝트 탱고는 우리의 삶을 어떻게 바꾸는가」, 「ITWorld」, 2016. 1. 6.
- 이재구, 「구글, 5월에 강력한 VR헤드셋…특징은?」, 「전자신문」, 2016. 2. 9.

- 이정환, 「VR 판이 커지다… 글로벌 공룡들의 가세」, 「동아사이언스」, 2016. 3. 21.
- 박정수, 「[증강현실 대비하라] VR 넘어 이젠 AR시대가 온다」, 「아주경제」, 2016. 3. 22.
- 우운택, 「증강현실 그리고 증강휴먼」, 「KISA Report」 2015년 8월, 한국인터넷진흥원, 2015.

◇ 사진출처

1. on www.endersgamemovie.com.

2. on www.vive.com.

3. on www.playstation.com.

6장 변화에 종착역은 없다

스타트업, 유니콘을 넘어 데카콘을 향해

- 특별취재팀, 「[스타트업 창업 생태계 틀을 바꾸자] 'OECD 22위' 한국 창업환경의 현실」, 「파이낸셜뉴스」, 2015. 9. 7.
- 정회상, 「우버 비즈니스 모델의 정책적 시사점」, 「KERI Brief」, 한국경제연구원, 2016. 7. 29.
- Asha McLean, 「Latest funding values Airbnb above hotel giant Marriott」, 「Zdnet」, 2015. 6. 29.
- Sara Ashley O'Brien, 「Airbnb's valuation soars to $30 billion」, 「CNNMoney」, 2016. 8. 8.
- Dennis Mitzner, 「5 reasons behind Israel's startup success」, 「The Next Web」, 2015. 7. 7.
- Mor Assia, 「The year of the IPO: Israeli Public Offering」, 「Venture Beat」, 2015. 2. 25.
- 안정락, 「벤처 생태계 꿈틀대는 이스라엘, 구글 등 270여개사 R&D센터 집결」, 「한국경제」, 2015. 6. 25.
- 박규희, 「이스라엘, 벤처기업이 대표 수출품… 해외 M&A로 年148억달러 벌어」, 「조선일보」, 2015. 8. 28.
- 방윤영, 「스타트업, 1년 간 수입 없는 상황을 가정해본 적 있는가?」, 「머니투데이」, 2015. 9. 18.

◇ 사진출처

1. 「Fortune」.

2. on www.ourcrowd.com.

3. on www.chinaccelerator.com.

스타트업, 아이폰을 해체하라

- Joe McCann, 「The Unbundling Of Everything」, 「TechCrunch」, 2015. 4. 18.
- CB Insight, 「Unbundling iOS: 44 Startups Attacking Apple's Core Apps And Services」, 2015. 9. 8.
- CB Insight, 「Disrupting Banking: The Fintech Startups That Are Unbundling Wells Fargo, Citi and Bank of America」, 2015. 11. 18.
- CB Insight, 「Disrupting The Auto Industry: The Startups That Are Unbundling The Car」, 2016. 5. 26.
- Google Loon Project, www.x.company/loon.
- 김국현, 「언번들링의 시대」, 「지디넷코리아」, 2008. 7. 25.
- 특별취재팀, 「[스타트업 창업 생태계 틀을 바꾸자] 한번만 넘어져도 신용불량 낙인 '너무 쓴 실패의 맛'」, 「파이낸셜

뉴스」, 2015. 9. 24.
- 신동형, 「스타트업, 소프트웨어 넘어 하드웨어 영역으로 확산되고 있다」, 「LG Business Insight」, LG경제연구원, 2015.
- 김교태, 「[김교태의 경영산책] IT 기업의 역공 '핀테크'」, 「조선비즈」, 2015. 7. 2.
- 한준호, 「스타트업 생태계 서울 세계 5위… 창조경제는 10점 만점에 9점 평가 받아」, 「아주경제」, 2015. 9. 7.
- Oscar Williams-Grut, 「Governments in these 5 cities do the most to help startups」, 「Business Insider」, 2015. 6. 24.

◇ 사진출처

1. on www.fablab-seoul.org.
2. on www.dailygenius.com.
3. CB Insights.

인공지능, 세 번째 기회

- Adrian Lee, 「Geoffrey Hinton, the godfather of 'deep learning'」, 「Macleans」, 2016. 3. 18.
- Kate Allen, 「How a Toronto professor's research revolutionized artificial intelligence」, 「The Star」, 2015. 4. 17.
- 차원용, 「페이스북 인공지능 '머신러닝' '딥러닝'의 현재와 미래」, 「IT News」, 2015. 12. 3.

◇ 사진출처

1. on www.insidehpc.com.

대륙의 과학기술

- 배경환·안인회, 「중국 ICT 기업 동향 분석 및 시사점」, 「Internet & Security Focus」, 한국인터넷진흥원, 2015.
- 자오유, 「중국판 창조경제 '대중창업, 만인혁신'사상 최대의 창업붐 조성되고 있다」, LG경제연구원, 2015. 5. 19.
- 북경LG경제연구소, 「글로벌기업들이 중국 산자이를 찾아오는 까닭은?」, 「China Insight」 59호, 2015. 8. 5.
- 조인호 외, 「ICT in China 2015」, 「Issue Crunch Special」 22호, KT 경제경영 연구소, 2015. 7. 10.
- 이철용, 「제조 대국에서 제조 강국으로」, 「LG Business Insight」, LG경제연구원, 2015. 4. 8.
- 정책기획팀, 「해외 ICT R&D 정책동향」 2016년 제10호, 정보통신기술진흥센터, 2016.
- 박래정·남효정, 「중국 IT기업들이 무서운 진짜 이유」, 「LG Business Insight」, 2014. 11. 12.

◇ 사진출처

1. 중국 국가천문대 웹사이트 캡쳐.
2. 「연합뉴스」.

4차 산업혁명 시대에
살.아.남.기

초판 1쇄 발행   2017년 2월 15일
초판 6쇄 발행   2021년 5월 28일

지 은 이   김지연
펴 낸 이   최용범

편   집   김종오, 박강민
디 자 인   신정난
마 케 팅   손기주
경 영 지 원   강은선

펴 낸 곳   페이퍼로드
출 판 등 록   제10-2427호(2002년 8월 7일)
주   소   서울시 마포구 연남로3길 72 2층
전   화   (02)326-0328
팩   스   (02)335-0334
이 메 일   book@paperroad.net
홈 페 이 지   http://paperroad.net
블 로 그   blog.naver.com/paperoad
포 스 트   http://post.naver.com/paperoad
페 이 스 북   www.facebook.com/paperroadbook

I S B N   979-11-86256-66-4(03320)